世界は**マーケティング**でできている

アントレプレナー塾 塾長
三宅 宏
MIYAKE HIROSHI

はじめに

　星の数ほど多数あるマーケティング本の中で、この本を手に取っていただいた偶然とあなたに、まず感謝です。袖触れ合うも何かのご縁といいます。少しお付き合いください。

「マーケティング」とはあなたにとって何だと思いますか？百人百様の答えがあるでしょう。というのも、MBAマーケティング、SNSマーケティングなど、○○マーケティングという言葉が星の数ほどあるからです。さらにその中にも数百もの専門用語が出てきます。マーケティングは日々、時代の進化とともに複雑化して枝分かれしているため、まるでマーケティング迷路の樹海に迷い込んだようなものでしょう。

　でもマーケティングを全く知らなくても、大丈夫。経営学の父、ピーター・ドラッカーは、「マーケティングは米国より250年も早く、江戸初期の日本で生まれた」と言っています。マーケティングのマの字も知らない江戸時代の商人も無意識に実践していたのです。
　マーケティングの基本的な考え方は、江戸の商売繁盛と共通します。お客さまが何を望んでいるかを考え、それ以上のことをお客さまに提供していけばいいのです。マーケティングの根本にあるのは「商売繁盛学」なのです。

起業するときにマーケティングを知らなくても、うまくいくときはマーケティングの原理原則や基本的なルールを直感的に実践しているものです。

　会社だけでなく、個人の場合も同じことがいえます。例えば恋愛も就職もそうです。誰に、何を、どうするかをちゃんと考え、まず自分という人間の信条や目的にそって情報を集め、相手を特定します。次に相手に対し自分という商品価値をどう高めるか考える。最後に、相手に対するアプローチ方法（マーケティング戦略の構築と実行）を考えて行動。つまり、就職でも恋愛でもマーケティングの考え方が通用するのです。

　そう考えると、マーケティングは決して難しくはなく実は身近なものに思えませんか？

　賢い人ならば、「なにもマーケティング体系を知らなくても自己流でやるからいい」と思うかもしれません。

　ちょっと待ってください。例えばゴルフやテニスで考えましょう。基本を習わなくてもセンスが良ければある程度のレベルまではいけるでしょう。でも壁にぶつかったときが問題です。それを乗り越えるにはセオリーや型を知っているほうがはるかに乗り越えやすいのです。さらに上を目指すならばなおさらです。

　それに、マーケティング視点を持っていると面白いですよ。何気なく飲んでいるコーヒーも、手に持っているスマートフォンも、乗っているオートバイや車もこれから食べるご飯も、全

て身の回りにあるモノやサービスはマーケティングで解き明かせるのです。ある意味、世界はマーケティングでできているともいえるのです。

◯ 日本にマーケティングを導入した恩師から学んだこと

申し遅れました。私は47年前にマーケティングという言葉に出くわし、その魅力に取りつかれた13代目江戸っ子マーケターの三宅宏と申します。

米国のマーケティング理論を日本に導入した第一人者である故・村田昭治先生のゼミに入り、そこで初めてマーケティングと出合い、もっと学びたいと思い大学院に進みました。

先生の口癖は、「知識はいくら身につけても、時代と共に陳腐化する。哲学や原理原則を学べ。モノの見方や考え方を学び、考える力や知恵を身につけよ」でした。

それから、日本にルーツがあり、世界に向けて発進しているマーケティングマインドを持つ大手食品メーカーに入社しました。そこで43年間、マーケティング畑を中心に現場で実践してきました。多くの失敗も経験しました。

以前、先生から「いいか三宅、恩は俺に返すな。恩返しは1対1で、その場で終わってしまうからだ。恩は後輩たちに返せ。後輩たちがまた後輩たちへ恩送りが続く」と言われていたのを思い出し、寺子屋塾を一人で立ち上げました。時間はあるけどお金はない若者に、マーケティングの原理原則とアントレプレナーシップ（起業家精神）を教える「アントレプレナー塾」を、

22年間継続してきました。

このアントレプレナー塾に通った第一期生の一人は、日経新聞が主催した、スタートアップ企業がプレゼンテーションで競う全国大会で、一代でスタートアップした部門においてトップの栄冠を勝ち取りました（2023年日経新聞スタ★アトピッチ第3回スタートアップ部門賞受賞　テーマ「自動運転のためのAI特許を活用したセキュリティ事業」株式会社クリエイターズネクスト窪田望CEO）。

先生の次のお言葉が脳裏によみがえってきます。

「マーケティングとは広い意味での人間学。複眼的なモノの見方である。科学的、人間的、そして芸術的な知の蓄積を活用し、未来への夢の創造をするのがマーケティングである」

「マーケティングとはサイエンスであり、アートである。ただ人間の温かみがなければ意味がない」

「究極のマーケティングとは『愛』。つまり、相手を幸せにする『幸福学』である」

○ マーケティング・フィロソフィー

マーケティングにおいて最も大切なことは、マーケティング・フィロソフィーです。経営は一時的にうまくいっても、基盤となるフィロソフィーがないと長続きしません。創業の経営哲学や経営理念をバックボーンとして持っていることと、時代に応じて変化適応することの両方をバランスよく持つことが経営には大切です。マーケティングも経営と同じなのです。

本来、マーケティングは個々の生活者の動きを捉え、生活者の根底にある必要と欲求にフィットさせる新しい考え方や商品提案、手垢のつかない新しい技術やデザインにも優れた価値提案を創造して生活者の夢を実現していくものです。

　これらに加え、複雑化したグローバル社会の中で、環境と人間がこの先どう共生すべきかとの多面的な課題をベースにして、マーケティングのあり方を根本的に捉える必要があります。

　マーケティングも、トータルな人間社会のよりよい幸せを目指して人間尊重、環境尊重、イノベーション尊重を柱とするマーケティング・フィロソフィーの再構築がますます重要となってきました。つまり、マーケティングは何のためにあるのかの存在意義が問われているといえます。

　マーケティングは切れ味の鋭いビジネス・ツールでもありますので、使い方によっては良薬にも毒にもなります。現場でマーケティングを活用するマーケターはなおさら、どういう目的で何のためにマーケティングを使うのかをいま一度自問自答することが必要でしょう。

　マーケティングは、どんどん生活者の生き方を豊かにする生活提案や、人間の幸せの蓄積をトータルに考えるマーケティング・フィロソフィーの時代になってきています。温かいぬくもりやロマンのある人間的視点、夢や情熱のあるアントレプレナーシップや、エコロジカルなマーケティング視点を持った哲学を行動する時代が到来しています。

◯ 本書の目指すものと読み方

　この本の目的は、小難しい専門知識ではなく、分かりやすく
マーケティングの根っことなる原理原則や考え方を身につけて
もらうことです。そのため、枝葉は思い切ってそぎ落としてい
ます。

　また、どのように原理原則を活用するかの事例をふんだんに
使っているため、事例を読むだけでも考え方が身につくように
してあります。

　各章の最後には、CASE としてその章を代表するエンディン
グ・ストーリーを書き下ろしています。

　各章の簡潔なまとめもありますので、時間のない方はまず各
章の最後の CASE とまとめを通して読んでみると、ベーシッ
ク・マーケティングの全体像が理解しやすいかもしれません。

21世紀型マーケティングのフレームワーク

誰に（Who）　　　　何を（What）　　　　どのように（How）

  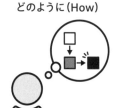

第1章
マーケティング3原則①
顧客の特定「Who」

第2章
マーケティング3原則②
価値創造「What」

第3章
マーケティング3原則③
顧客満足の仕組み化「How」

20世紀型マーケティングの3原則

第4章　横串原理①
ブランディング
「Branding」

第5章　横串原理②
関係性構築
「Relationship Marketing」

第6章　シンマーケ
マーケティングの新しい潮流
（イノベーション＆新ソーシャルマ
ーケティング）と江戸老舗マーケ

◯ 第 1 章〜第 3 章

第 1 章から第 3 章の前半部分は、これだけは外せないマーケティングの 3 原則です。マーケティングの機能とプロセスの中で、これだけは最低限身につけてもらいたい原則で、時代にかかわらずマーケティングの核となるものです。分かりやすくするため、「仕事」の根本である「誰に（Who）」「何を（What）」「どのように（How）」に絞りました。これはマーケティングの根幹の考え方で、今後も十分に通用するフレームです。

第 1 章は「顧客の特定」です。市場を細分化（セグメンテーション）する。顧客ターゲットを決める。市場での位置、つまりポジショニングを決める。この 3 つの過程の S・T・P フレームを解説しています。

第 2 章は「顧客価値の創造」です。特定顧客の必要と欲求は何か、またその最大課題を解決するには何をするのかです。企業視点でモノから考えるのではなく顧客インサイトが重要です。

第 3 章は「顧客満足の仕組み化」です。ここではお客さまに満足していただくためにプロダクト、プライス、プロモーション、プレイスのいわゆる 4P フレームが根底になります。

第 1 章から第 3 章までのマーケティングの 3 原則は、時代が変わっても変わらない商売繁盛の基本のキです。

パラダイムの変化

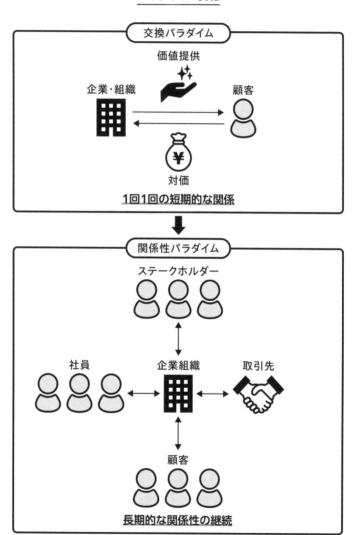

交換パラダイム

価値提供

企業・組織　　　　　顧客

対価

1回1回の短期的な関係

関係性パラダイム

ステークホルダー

社員　　　　企業組織　　　　取引先

顧客

長期的な関係性の継続

◯ 第4章〜5章

　マーケティングは時代の変化とともにいろいろな理論やマーケティングが生み出されてきました。中には一時流行っても今は廃れてしまったものも多数あります。その中で、現代マーケティングを貫く2つの横串原理を第4章、第5章で取り上げます。

　第4章はブランディングです。1990年代以降に無形のブランドを資産として捉え、ブランドは長期的な売上と利益の源泉とする考えが広がり、ブランド構築が重要となりました。ブランド・アイデンティティ、ブランドの一貫性、ブランド拡張とブランド・ポートフォリオにも触れていきます。

　第5章は「関係性構築」です。今のマーケティングでは、強固な関係づくりをして単発から長期的な顧客生涯価値の考え方が重視されています。この考え方は、顧客だけでなく社員やステークホルダーとの関係性を構築して経営を継続的にしていこうとする狙いがあります。この章では、関係性マーケティングの要点について説明します。

◯ 第6章

　第6章は「マーケティングの新潮流と江戸老舗マーケティング」です。最後に明日のよりよい社会を創造するマーケティングに欠かせない、イノベーションと新ソーシャル・マーケティングという潮流について説明します。これらの事例やケースと

して、江戸老舗の商売繁盛もふんだんに取り上げていきます。

イノベーションでは経済学者のシュンペーターからの主な理論の流れから、最先端イノベーション理論「両利きの経営」までを取り扱います。

もう1つが新ソーシャル・マーケティングです。ソーシャル・マーケティングという言葉自体はさほど新しいものではありません。しかし今日は企業が、社会課題、地球環境問題、持続性社会などに真剣に取り組んでいるかの姿勢が問われる時代となってきています。社会課題やエコロジカルな視点を中心に盛り込んだ新ソーシャル・マーケティングは社会や企業にとって不可欠なものとなりつつあります。

日本古来の「商売繁盛」や社会生活の考え方も参考にした日本的経営の原点と、イノベーションによってガラッと生活の質を革新する勇気と情熱、そして新ソーシャル・マーケティングの実践でマーケティング哲学を行動することが、明日の社会や生活をよりよく変革していくのではないでしょうか。

さあ、皆さんとご一緒に本物のマーケティングの旅に心ときめかせて出かけましょう。

目次

第 **1** 章　マーケティング3原則①
顧客の特定「Who」

第 **2** 章　マーケティング3原則②
価値創造「What」

第**3**章　マーケティング3原則③
顧客満足の仕組み化「How」

第**4**章　横串原理①
ブランディング「Branding」

第 **5** 章

横串原理②
関係性構築
「Relationship Marketing」

第 **6** 章

シンマーケ
マーケティングの新潮流と
江戸老舗マーケティング

ブックデザイン／木村勉
DTP・図表／横内俊彦
校正／新沼文江
編集／市川純矢

マーケティング3原則①
顧客の特定「Who」

顧客の特定

価値創造

顧客満足の仕組み化

ブランディング

関係性構築

シンマーケ

理論1
顧客の特定「Who」

　マーケティングの中で企業にとって最も重要なものは何かと問われれば、「**顧客志向**」と「**利益志向**」でしょう。経営学の父、ドラッカーが考え抜いた経営者に対する究極の5つの質問で、最初に「われわれのミッション」、次に「われわれの顧客は誰か」を挙げています（『経営者に贈る5つの質問』P.F. ドラッカー著／ダイヤモンド社）。

　誰が顧客なのかをよく知ることは、企業の経営者にとっても、またマーケティングを活用するマーケターにとっても第一に考えなければいけないことです。データや調査も必要ですが、誰が自分たちにとって最適の顧客なのかを考え抜き、具体的にイメージできるようにしないといけません。

マーケティング理論で最も重要な「顧客の特定」

　一般にマーケティング理論では、次の4つのプロセスの中でターゲティングを最も重要であるとしています。つまり「顧客の特定」です。

　①調査（Research：リサーチ）
　②市場細分化（Segmentation：セグメンテーション）

③市場標的策定（Targeting：ターゲティング）
④市場での位置決め（Positioning：ポジショニング）

「顧客の特定」とは、さまざまなデータや調査を精査し、市場を人口統計や購買行動、顧客特性やライフスタイル、その他要因などのフィルターを通して全体市場を細分化し、その中から自分たちにとって魅力のある顧客の市場断片（セグメント）を見つけることです。顧客が特定できたら、今度は他社との差別化も考え、市場での立ち位置を決めます。

　専門用語を羅列されてもイメージしにくいと思うので、具体例を挙げましょう。

　あなたが缶コーヒー飲料の商品開発に携わるマーケターだと仮定します。誰に向けて新商品を開発するのか、まず顧客の特定を考えます。

　例えば、トラック運転手などの長距離ドライバーは缶コーヒーの愛飲家で、しかも一日に何回も買うヘビーユーザーであることが調査で分かったとします。その後にやることとしては、長距離ドライバーがいつ、どこで、どんな缶コーヒーを購入するのか、嗜好はどのようなものか、ドライバーの特性はどうなのかなどを徹底的に調べます。場合によっては、ドライバーに協力を得て長距離トラックに同乗させてもらい、缶コーヒー愛飲家の日常行動とイメージを鮮明にします。このような顧客層の代表的な具体的イメージを「ペルソナ」といいます。

　ペルソナの一例として、長距離ドライバーは男気あふれる矢

沢永吉の熱烈なファンであり、眠気を取るためにパンチの効いたコーヒーを好む人が挙げられます。こうして誕生したのが、サントリーの「ボス」なのです。その後時代は大きく変わり、後述するコンビニコーヒーの登場などで缶コーヒーを取り巻く環境は激変します。サントリーは働く人のペルソナをトラック運転手から、現代社会に沿ったオフィスワーカーの姿に再設定しました。そこで生まれたのが「クラフトボス」シリーズです。

マーケティングが必要なのは企業だけ？

　マーケティングが必要なのは企業だけではありません。病院などの公共施設や、政府や地方の役所でも活用できます。

　以前、共働き夫婦の甥っ子の家庭に、子どもが2人産まれました。どこの地域が子育てに適しているかを調べ上げた結果、千葉県流山市の流山おおたかの森に家を建てました。その後、たまたま都内の駅のホームに張り出されている全面ポスターを見て私は驚きました。その広告ポスターには「母になるなら、流山市。」「父になるなら、流山市。」というキャッチコピーとともに、微笑む甥っ子家族が載っていたのです。

　調べてみると次のことが分かりました。2005年、つくばエクスプレスが開通しました。米国の大学院を卒業し、都市開発やマーケティングにも精通していた流山市の井崎義治市長が**マーケティングの考え方を市政に導入**しました。

　特にこれからの流山市を考えるにあたり、「子どもを育てや

すい街、流山」というミッションを掲げ、共働きの30代ファミリー層にターゲットを絞りました。彼らのニーズが何なのかを徹底的に議論し、その世代にフォーカスした子育て支援制度を整備しました。市内の保育施設の充実に加え、「送迎保育ステーション」というサービスなどが有名です。

その結果、今では**人口増加**が起こり、特に最も人口の多い層は35〜39歳となりました（令和4年人口増加数県内1位）。このように、「顧客の特定」は行政にとっても大切な考え方です。

漠然と全顧客を考えると、優先順位がつけられない効果の薄いばら撒き行政になってしまう可能性があります。

個人でも使えるマーケティングの考え方

マーケティングの考え方は個人にも使えます。もっと単純に考えると、ターゲティングとは相手を絞って選択することです。これは進路や就職先を選ぶときも、将来のパートナーを選ぶときや家を購入するときにも使える考え方です。

例えば、就職先を考えるにあたっては、将来どんな大人になりたいのか、どんなことをしたいのか、何が得意なのかなど自分を棚卸ししてから大まかな仕事の種類、業界や業種を絞っていきますよね。

あるいは別の角度から考えてみて、学生の人気度、年代別平均賃金、働きやすさ、有休のとりやすさ、女性役員の比率など自分にとって大切なフィルターでさらに業種や企業を細分化していきます。

データだけでなく、その企業のOB・OGを訪問したり、SNSでその企業の評判を調べたりします。その一連のプロセスが、リサーチ、セグメンテーション、ターゲティングです。

マーケティングの考え方は、何も難しいことではなく、人生の選択行動にも使えるのです。そして特定した相手に向けてあれこれアプローチをしていくプロセスがマーケティング活動そのものです。

顧客の特定のポイント

全顧客をターゲットとしてしまうと、膨大な商品ラインとサービス提供をしなければならなくなります。また全体的施策も効果の薄いものとなりがちです。そこで「**誰が私たちの顧客なのか**」が重要となります。商品ができてから顧客を考えることもありますが、顧客志向に立脚したマーケティングの基本はまず「Who＝誰に」、次に「What＝何を」です。

顧客を特定しても、時間がたつと世の中だけでなくその顧客自身も変化します。サントリーのボスのように、定期的に「われわれの顧客は誰なのか」を見つめなおす必要があります。

まずは市場での立ち位置、顧客の細分化、標的を絞る

「顧客の特定」をするための一連のプロセスをざっと見ていきましょう。

マーケティングの大前提となる3つのステップの頭文字をとって、「S・T・P」といいます。セグメンテーション（Segmentation）、ターゲティング（Targeting）、ポジショニング（Positioning）です。**セグメンテーションはターゲティングとセットになっていることが多く、マーケティング理論の中核を担っています。**1つの商品・サービスで全ての顧客をカバーすることは理想ですが、同じようなプロフィールを持っている人でも好みや欲しいものはまちまちです。

事例　トップ企業の牙城を崩した
　　　　ゼネラルモーターズ

今から100年前の米国で、一つの商品ラインで市場をつくり出した巨大トップ企業に、セグメンテーション戦略で挑戦し逆転した壮大な物語があります。

米国では、20世紀に入るまで交通手段は鉄道や馬車でした。それまでの自動車は手作りの高級品で、しかも故障が多く金持ちの遊び道具にすぎませんでした。エジソンの会社の技術者だったヘンリー・フォード（Henry Ford）は独立してフォード・

モーターを創設し、周囲の人に馬鹿にされながらも自動車のライン生産の夢に取り組みました。そしてついに、1908年に有名なT型フォードを完成させました。大量生産の確立とともに、「安価で操作が楽な車を大衆に」という信念のもと、10年間で1500万台も売る一大車市場を築き上げました。

　この信念は揺るがず、色は黒のみ、型はT型フォードのみと徹底しています。ほかの新しい車種はもちろん、たとえ赤の色を売り出したいと言ってもヘンリー・フォードは決して首を縦に振りませんでした。市場を単一ラインだけで創造したのは、まさに理想を実現したといえます。

　しかし、人々の所得水準が上がるとさまざまな欲求が芽生えます。フォードの牙城に挑んだのがゼネラルモーターズ（GM）です。GMの当時の社長アルフレッド・スローン（Alfred Pritchard Sloan Jr.）は巨大化した自動車市場を詳しく観察し、**低所得層から高所得層までそれぞれの階層ごとの車に対する異なるニーズと欲求が芽生えていることに着目しました。**

　所得階層別に市場を5つのセグメントに分け、それぞれのセグメントに合わせた自動車を開発しました。最上級の高級車はキャデラック、高級車のビュイック、オークランド、オールズ、大衆車のシボレーのピラミッド構成（1924年当時）です。

　つまり、フォードの開発したこれ以上望みようのない大衆車T型とは真っ向勝負せず、価格帯別セグメンテーション戦略でなんとフォード王国の牙城を崩したのでした。S・T・P理論の生まれる前にアルフレッド・スローンはすでに実践していたこ

とになります（学界では20世紀半ば以降セグメンテーションとポジショニングと製品差別化概念を提唱）。ちなみに、1924年の自動車市場に占めるGMのシェアは18.8％で、その3年後の1927年のシェアは43.3％に上昇したため、市場ニーズと見事にマッチしていたといえます。かたくなに単一ラインを固守したフォードを鮮やかに逆転したのです。

マーケティングの4分類とセグメンテーションについて

　フィリップ・コトラーは、市場ターゲット戦略を広いターゲティングから狭いターゲティングに応じて4つに分類しています。

　①無差別型（マス）マーケティング
　　ヘンリー・フォードのような、単一の商品やサービス・ラインで全ての市場を対象とする
　②差別型（セグメント）マーケティング
　　GM型スローンのような、市場をいくつかのセグメントに分けて個別に最適な商品やマーケティング（セグメント）を展開する
　③集中型（ニッチ）マーケティング
　　セグメントされた市場の中身を、さらに細分化した特定のターゲットに絞り込む
　④マイクロマーケティング
　　特定の地域に限定したり、個々の顧客のニーズに対応した

りする

　では次に、セグメンテーションの考え方について詳しく解説していきます。

　市場が豊かになればなるほど、どのような市場であれ、購買者のニーズや財力、消費行動などが複雑化します。 すると、より**市場の細分化**をする必要が出てきます。細分化する際、どの企業にもあてはまる最適な基準や方法があるわけではありません。市場をよく観察し、どの顧客がどのような関心や興味を持っているのか、どのように変わりつつあるのかを推察したうえで、自分たちに合う基準や変数を見つけるしかありません。変数によっていくつかの有望なセグメントが見つかったら、どのセグメントに進出すべきかを決定しなければなりません。

　その際、以下の点に考慮する必要があります。

- セグメントの規模や市場性が推測できること
- そのセグメントの消費行動を把握したアプローチの可能性
- 将来そのセグメントが利益を生み出す可能性
- 考えのうえで他社または他商品との差別化可能性
- セグメントのニーズや欲求を満たす商品、サービスを効果的に提供できる実行可能性
- セグメントと企業の目標や経営資源との整合性

　そのうえで、先に挙げたコトラーが提唱している市場ターゲ

ット戦略の4つの型をよく頭に入れて、標的セグメントを決めます。これらがセグメンテーションとターゲティングの基本的な考え方です。

セグメンテーションの手助けになる4つの基準

セグメンテーションの手助けになる代表的な4つの変数（基準）による細分化を挙げてから、いくつかの市場細分化事例を見てみましょう。

①地理的細分化
　地域、エリア特性、都市の規模、人口密度、気候など
②人口動態的細分化
　年齢、性別、家族構成、所得、職業、学歴、ライフステージなど
③心理的細分化
　パーソナリティ、ライフスタイル、価値観、性格、社会意識など
④行動による細分化
　求めるベネフィット（便益）、購入頻度、購入経験、使用率など

セグメンテーションとは市場細分化のことです。一くくりの市場を、顧客に関わる基準や変数を用いて共通の顧客をくくって、いくつかのセグメントに分割し、自社にとって有望なセグ

メントを見つけることです。**最も重要なことは、セグメンテーションによって具体的な顧客像を浮き彫りにできるかでしょう。**

事例 ▶ 　　　特定顧客を見いだした日本交通

　タクシー市場はすでに飽和状態であり、新たな訪日外国客などの観光タクシーが増えているに過ぎません。そんな中で、既存客の細分化を通じて特定顧客を見いだしたのが日本交通です。

　ターゲットを妊婦に絞り込んだのです。妊婦にとって、産気づいたときの病院までの交通手段は不安の種です。

　日本交通は新たなターゲットを「都内に住む妊婦」に絞り込みました。通常の予約センターとは別に、24時間365日つながる専用のコールセンターを用意したのです。登録料無料で、あらかじめお迎え先、予定日、届け先の病院名を登録しておくと、電話一本で行き先を言わなくても届けてくれる「陣痛タクシー」です。これはいくつかの変数を掛け合わせて、都内の妊婦というセグメンテーションから生まれたユニークなサービスです。開始1年で都内の妊婦の2割が登録したようです。

事例 ▶ 　　　ノンユーザーを発掘したJINS

　ノンユーザーをセグメントして成功したメガネ市場の例があります。

　メガネ市場は低価格競争の中で市場規模が減少傾向にありました。メガネを最も大量に販売するJINSブランドのジェイ

アイエヌが、新しい市場を開発するため行ったセグメンテーション戦略は、「視力矯正の必要のない人」です。つまり、メガネを必要としないノンユーザーを心理的視点で深堀りして成功しました。

ほとんどのビジネスパーソンがパソコンを使用し、長時間使用する人はブルーライトにさらされ、眼精疲労や睡眠障害に悩まされている人がいることに着目しました。そこで、ブルーライトの光を最大50%カットし目の疲れを軽減する機能型メガネ「JINS PC」を発売しました。発売1年で50万本が売れ、5年後には累計700万本を達成しました。

事例 年率50%増の成功を収めたメンズボディケア

ほかにも、男性化粧品の中でも特にターゲットになりにくい中年男性に絞った事例があります。

男性はフェイスケアやボディケアを行う習慣がないため、それらの売り上げ規模は小さく、伸長しにくい市場でした。特に中年男性は無関心層が多く、空白地帯です。そこで大塚製薬は、主流の整髪料ではなく、「スキンケア」と「ニオイ対策」という中年男性の身だしなみ市場を細分化しました。中年男性でも、ニオイ対策や皮脂対策の有効機能を付加できれば十分な市場を開拓できると予測したのです。結果、加齢臭を抑える成分を開発してメンズボディケア市場に参入し、年率50%増の成功を収めました。

特定顧客のニーズに対応し
大企業に成長した中古車販売

最後に、地理的細分化で成功したベンチャー企業として、山川博功社長が起業した中古車販売のビィ・フォアードについて解説していきます。

創業は2004年。創業のきっかけは、社長の車をネットオークションに出品したところ、アフリカの人が購入したことです。

奇しくも2004年に、マーケティング学界ではミシガン大学ビジネススクールのC・Kプラハラード（C.K.Prahalad）教授が「BOPマーケティング」を提唱しました。これは世界の所得ピラミッドの最下層、ベイス・オブ・ピラミッドの貧困層の人口が約40億人いて、その40億人は今後所得が上がったら重要な顧客になると主張したマーケティング理論です。

これとは別に、山川氏は「皆が憧れるカッコいいスポーツカーより、中古でも故障が少なく走行距離の長い日本車が新興国やアフリカに売れる」という信念を持っていました。しかもそこは競合が全くいない手薄な土俵。走行距離が10万キロを超えた日本では廃車になりそうな車が、アフリカでは立派に現役として人気があるのです。

そこで、舗装道路が少ないアフリカで気にする車体の下回りの写真も豊富にするなどの工夫をしました。それだけでなく、価格が安く古い年式を中心に、アフリカをはじめ世界の新興国の人たちがリアルタイムで在庫を確認できる世界6カ国語対応のインターネットシステムを構築しました。

主要ターゲットがアフリカ諸国のため、海外スタッフの約9割近くがアフリカ人です。世界35言語で対応するコールセンターも設置しています。2021年度の売り上げ実績は中古車輸出台数13万台、輸出売り上げ814億円の大企業に成長しました。

　山川社長はビィ・フォアードの社名の通り、本社の六本木ヒルズ森タワー37階のオフィスから、常に前を向いて世界に向けてのビジネスを模索しています。

ポジショニングで市場での立ち位置を決める

　標的となる顧客を特定できたならば、次のステップはポジショニングです。**ポジショニングとは、競合や競合商品と比べて顧客の意識の中で自社または自社商品がどのような位置にあるかを明確にし、今後どの方向に立ち位置を持っていきたいかを決めることです。**

　ポイントは、**顧客の頭や心の中で有利な位置を占めること**です。そのために、自社の商品が一番になれる手薄な土俵と、ほかと比べての圧倒的優位性をターゲットとする特定の顧客に対して考える必要があります。最初にポジショニングをしておくことや、時として最初のステップに戻って細分化と「顧客の特定」を再検討するなどの柔軟な発想も大切になります。

ポジショニング・マップの作り方

　まずは、顧客が自社の商品と競合の商品をどのように知覚し

ているかを認識します。互いに影響を与えない独立した2軸上にマッピングして、視覚的に顧客視点での現状を認識します。これをポジショニング・マップといいます。

特定顧客に自社商品のイメージや良い点・悪い点を直接聞いたり、顧客になったつもりで想像したりしながらマッピングします。その際、2軸を変えていろいろな角度から見ることも必要です。

次に、今後自社商品の位置をどこにもっていきたいか、そのためにはどのような価値を開発提供すればいいか、特定顧客にどのようなメッセージを届ければいいか、この段階では概念上のもっていきたい位置づけを決めます。

事例 ドトールとスターバックスのポジショニング

セルフサービスカフェを代表するドトールコーヒーとスターバックスコーヒーのポジショニングについてイメージしてみましょう。

ドトールは、ブラジルコーヒー農園で働いたことのある鳥羽博道が1962年に焙煎卸としてスタートし、1980年にドトールコーヒーショップを出店しました。ハワイに自社農園を持つなど、生産・調達・焙煎・卸・店舗の自社一貫性を通じて、価格・品質にこだわりを持ち、「一杯のおいしいコーヒーを通じて、お客様にやすらぎと活力を提供する」を企業理念としています。

一方のスターバックスは、シアトルでハワード・シュルツ

（Haward schultz）が有名レストランにコーヒーを提供したことが始まりです。イタリア視察の際にエスプレッソバーで衝撃を受け、1984年にテスト店を開業し、日本では1996年に銀座で1号店をオープンしました。

　モットーは「人々の心を豊かで活力あるものにするために──ひとりのお客様、一杯のコーヒー、そして一つのコミュニティから」。自宅や職場に次ぐ、顧客がくつろげる「サードプレイス」を目指しています。「スタバ」という略称で親しまれています。

　以前のドトールは喫煙も可で、機能的配置が効率的にされており、外周りの営業マンがスキマ時間で立ち寄りやすい、30〜40代男性がターゲットのお店であると私は感じました。

　一方のスタバはというと、値段は高めですが、甘くデザート感覚のコーヒーメニューも豊富で、ソファ席などバラエティに富んだくつろげるおしゃれな空間になっています。ターゲットは、若い女性や働いている女性、30代のファッションセンスのいい社会人といったところのように見受けられます。

　仮に顧客の声を拾ってみたとして、次のような声があるとしましょう。

○ ドトール愛好家

「スタバは不思議なくらい高価。ドトールなら毎日通える値段」

「頻繁に喫茶店に通うので、リラックスしてのんびりコーヒーが飲めるドトールが好き」

「スタバは混んでいて満席が多い。ドトールは空いていて入り

やすい。値段と味も好き」

「ドトールはパンもおいしいし、値段も手ごろで身近に感じる。喫煙ができるのもいい」

「濃いコーヒーが苦手なのでドトール派。スタバはコーヒーを味わう所。ドトールはお茶とケーキと軽食を楽しめる場所。ドトールはタバコも吸えるのでよく利用する」

○ スタバ愛好家

「スタバは緑や自然など、景色のいい立地にこだわっているお店が多い」

「コーヒーがおいしいことに加えて、のんびりパソコンを使えるからスタバ派」

「高価だが、味で選ぶならスタバ。おしゃれ感とスタッフの対応も好き。BGM もいい」

「ドトールにはフラペチーノがないからスタバ派。抹茶ラテもおいしい。長居もできる」

「メニューが豊富で、スイーツもおいしい。テーブル席、ソファ席、カウンター席などその日の気分で選べるのも嬉しい。期間限定メニューもあるので毎回楽しみ」

○ 使い分け派

「ロイヤルミルクティの味はドトールが一番。時間がないときにもよく利用する。コーヒーならスタバ。Wi-Fi も使えるので、時間があるときはくつろげるのもいい」

ポジショニング・マップを作る

　これらの声から、両者の顧客視点でのポジショニング・マップを作るとどうなるでしょうか。まず価格についてスタバは高く、ドトールはリーズナブルです。コーヒーはどちらもこだわっているようですが、スタバは濃いコーヒーと、デザート感覚の飲料も豊富です。雰囲気については長居をするにはスタバのほうがくつろげるようですし、短時間でリフレッシュするには回転が速いドトールもいいようです。

　ここでは、単純に両者を比較しやすい価格軸と、滞在時間・心理的くつろぎを含めた時間軸で考えてみましょう。

　横軸に価格軸で右が高い、左がリーズナブルにします。縦軸は心理的時間軸で上がくつろぎ、下が手軽にしてみましょう。価格は総じて高いがパソコンやスマホなどを見ながらゆっくりくつろげるスタバは第1象限に位置づけられます。ドトールの価格は比較的リーズナブルで、忙しい中の隙間時間でもリラックスできる第3象限です。こうすると両者の違いが視覚的にもはっきりします。

> **事例**　業界に衝撃が走ったコンビニコーヒー

　2013年、コーヒー業界に大きな衝撃が走りました。セブン－イレブンが100円コーヒーマシンを店頭に導入したのです。導入後8年で累計販売数が50億杯を突破というメガトン級の

インパクトでした。

　コーヒーマシンは缶コーヒーだけでなくコーヒーショップにも多大な影響を与えました。ポジショニング・マップでいうとドトールと同じ第3象限で、価格は100円と圧倒的に安く、味も抽出方法も本格的。しかもその場で持って帰れる手軽さもあります。

　100円のコーヒーマシンと価格で勝負してもかなわないため、ドトールとしてはポジションを変更するしかありません。値上げをしても高価なスタバに対してまだ優位性はありますので、時間軸の質を上げて第2象限にもっていく位置づけの再構築をするべきです。

　これまでのドトールのイメージを一新するような、全く方向性の異なる店舗が2010年に登場しました。それが「白ドトール」です。白ドトールは、デザインをグッチの店舗デザイナーに依頼し、白を基調とした店内に統一されています。木目調、落ち着くダークグレー、個室風ブースやソファ席、少人数喫煙ブースなど多様な空間も取り入れており、洗練されたデザインが特徴です。

　また、白ドトール導入以前からあったイタリアンスタイルのエクセルシオール　カフェを強化したり、フードメニューを豊富にしたりするなど、既存の強みとなる部分も見直しました。

　サラリーマンの多かったドトールが今では若い女性の姿も多くなり、2019年に行われた日本版顧客満足度調査（JCSI）ではドトールがついにスターバックスを抜いて1位に輝く快挙を達成しました。

コーヒー業界によるポジショニング・マップ

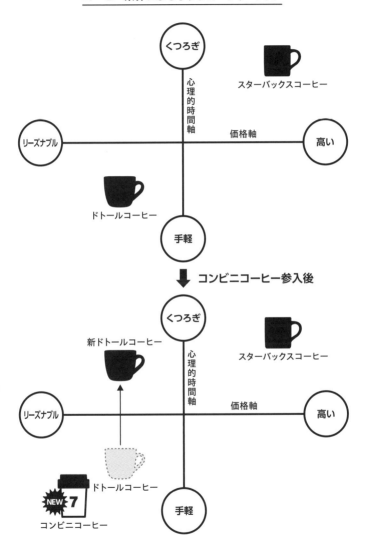

「顕在ニーズ」と「潜在ニーズ」

　S・T・Pによって目標とする「顧客の特定」と市場での立ち位置が明確になったら、次にやることはいま一度戻って「特定の顧客」を深く知ることです。そこには2つの側面があります。

　1つは「**顧客インサイト**」と呼ばれる、顧客に対しての深い洞察です。というのは、市場細分化と特定顧客の選択は優れた理論ですが、実践面では限界がある場合もあります。そのリスクを下げるためには、顧客も気づいていない潜在ニーズをさらに深く堀り起こす必要があります。

　もう1つは、顧客に強い影響を与える「**顧客の先**」について考察することも役に立ちます。大事な考え方なので、後者について少し触れましょう。

顧客の先の特定顧客

　ではここで質問です。大学の顧客は誰だと思いますか？

　答えは、大学生です。顧客をもっと広く捉えれば、学費を払っている親御さんも大事な顧客といえるでしょう。そのため、受験前の保護者対象の説明会だけでなく、入学後のキャンパス案内、親御さん向けのキャンパスレターなどによって大学と保護者がつながっておくことは大切です。

顧客ではありませんが、教員や大学事務員も大事なパートナーです。さらに深く考えれば、卒業生の就職先となる企業も顧客といえるかもしれません。このような視点で考えれば、卒業して社会人になった人たちの出直し短期の受け入れアフター短期集中講座を実施するのは、卒業生の受け入れ先の企業に喜ばれるかもしれません。まさに学生のためのアフターサービスです。

　文系・理系大学院やビジネススクールなどが企業との共同研究を深めることは、大学のブランド向上、ひいては就職活動に貢献するかもしれません。**顧客だけでなく、顧客の先にいる顧客や影響力のある組織をよりよく知り、そこでのニーズや課題を解決することは極めて重要な考えです**。このように深く突き詰めると、顧客の先も大切なターゲットになりえます。

　実際に米国では、MIT（マサチューセッツ工科大学）の大学院と企業との共同研究やプロジェクト、ハーバード・ビジネス・スクールの企業との共同研究は大学にとっての大きな資金源であるとともに、知の蓄積の源泉となっています。
　米国では、大学の重要な特定顧客の一つとして大きな投資を呼び込める大企業があります。これらが大学のブランドや価値向上に役立っています。その結果、いい学生が集まってきて好循環サイクルが回せます。特定顧客だけでなく、その先の特定顧客を考えることは思わぬ成果をもたらします。

顕在ニーズと潜在ニーズ

　話を元に戻しましょう。市場細分化して顧客を特定し、市場での立ち位置が決まったら、その特定顧客を深く洞察し、特定顧客の真のニーズを探り出します。

　何気なくビジネスで「ニーズ」とか「ウォンツ」という用語を使いますが、**顧客のまだ形になっていない基本的欲求や必要性がニーズ**です。一方、**欲求を満たせる手段がある程度明らかになっているのがウォンツ**です。

　分かりやすくいうと、車が欲しいという基本的欲求や、「年老いた両親を病院に連れていく機会が増えたので車が欲しい」という必要性がニーズです。「私が運転するのは夫の車に加えて2台目だから、かわいいスズキの軽自動車が欲しい」というのがウォンツです。つまりニーズは太い幹のような「**必要欲求**」、ウォンツは幹からいろいろな枝葉が出た具体的な「**選択欲求**」です。

　企業は認知せざる欲求やニーズに気づいてそれを開発していくために、シーズ（種）を蒔きます。研究開発が主に行うシーズ探索は木の根っこに似ています。ただ日常で使う場合は、ウォンツもニーズに含めて使う場合が多いです。

　顧客が特定できたあとは、その顧客を深く知り、ニーズを明らかにしていきます。**真のニーズは顧客本人も分かっていない**

場合が多いので、企業が仮説を立ててニーズを検証していきます。顧客を調査してすぐに出てくるニーズを「**顕在ニーズ**」といいます。これに対して、顧客自身も気づいていないニーズを「**潜在ニーズ**」と呼びます。

聞くとすぐに出てくる顕在ニーズは、他社もすぐに気がつくためライバルが多くなりがちです。また購買行動など環境変化が起きたりすると、パタッとニーズが止まる場合があります。一般に「顕在ニーズ」は既存商品のリニューアルには有効です。

本人も気づいていない「潜在ニーズ」はなかなか見つけるのが大変ですが、ヒット商品につながる場合が多くあります。新しい市場を開拓したり、同業他社との差別化にもつながったりするため、企業は潜在ニーズを血眼になって探しています。

広いニーズと深いニーズ

さらに詳しくいうと、ニーズは「**広いニーズ**」と「**深いニーズ**」に分けることができます。「広い」「深い」を理解するために、単価1万円の商品の売り上げが1000万円だった場合の市場を考えましょう。

1人の人が1個だけ買う商品に1000人のお客がいる場合が「広いニーズ」です。一方、1人で20個買う商品に50人のお客がいる場合が「深いニーズ」です。この「広い」と「深い」を考えると、より適格なニーズの本質に迫ることができます。**「広さ」はどれだけ多くの人が使うかの市場の広がりであり、「深さ」は購買頻度の高さやブランドのこだわりにつながりま**

す。

　例えば、お酒でいえばビールは「広くて深い」商品です。ウイスキーは「狭くて深い」商品でしょう。ビールの中でもクラフトビールは「狭くて深い」商品です。どちらもブランドにこだわって飲む人が多いお酒です。ワインは一部の熱烈ファンはいるものの、特に女性市場ではまだ「狭くて浅い」市場です。

　多くの市場はマスマーケティングが有効な「広くて浅い」ニーズか、マスマーケティングが利きにくい「狭くて深い」ニーズです。狭くて深いニーズは熱烈なファンをつかみやすく高価格も受け入れてくれる市場です。「狭くて浅い」ニーズは商品化には向きません。「広くて深い」ニーズは競合が激化しやすい市場で、ポジショニングを変更して「狭くて深い」ニーズに特化するのも得策です。

事例 ▶　　　　顕在ニーズの注意点

　古い話になりますが、バブル全盛期に大ヒットした映画『私をスキーに連れてって』（1987 年）や、同じく JR の CM『私をスキーに連れてって』シリーズのキャッチコピーである「スキーに行くなら新幹線」は、一世を風靡し若者たちに空前のスキーブームを巻き起こしました。
　特に湯沢は仕事帰りに日帰りでナイトスキーを楽しめる手軽さがあるため、注目を集めました。

この顕在化したスキー・ニーズに便乗して湯沢周辺にはリゾートマンションが乱立し、「冬はスキーに温泉、夏はリゾート」のキャッチコピーに惹かれて飛ぶように高価な温泉付きマンションが売れました。

　しかし、その後ブームが去ると二束三文でも売れない幽霊マンションとなっています。何千万円で買ったマンションが数十万円でも売れないのです。

　このような事例もあるため、広くて深いニーズでも、一時の時流に乗った顕在ニーズには要注意なのです。

事例　　　　　　潜在ニーズの注意点

　顕在ニーズはある程度調査をすれば分かりますが、顧客自身も知覚していない「潜在ニーズ」を掘り起こすのは簡単ではありません。肌感覚で世の中の微変を観察し、仮説を立てて検証していくのが王道のやり方です。

　しかし、「これこそ顧客が真に望む潜在ニーズだ」と考えて商品化しても、失敗することが多々あります。むしろ新商品の場合、失敗するほうが圧倒的に多いです。これは、ありそうでなかった幻の新市場のマーケティングの誤謬です。

　特定顧客のイメージをリアルにして、ペルソナを想像し、潜在ニーズを考え抜くしかありません。あるいは自分が顧客を超越してスーパー・カスタマーになって、自分の欲しいものを追求する手もあります。具体的な事例で説明しましょう。

私が食品メーカーのプロダクト・マネジャー時代に、幼い子どもを持った20代、30代の働く女性をターゲットにした子ども用レトルトおかずを開発していたことがあります。特に高学歴の母親は、「子どもの健康をロジカルに考えて子育てをするのではないか」と仮説を立てたのです。

　そのころの子ども用レトルト食品は、子どもが好きなアニメキャラクターを全面に出したものがほとんどでした。私が考えたコンセプトは、野菜嫌いな子どもたちでも食べたくなる野菜をたっぷり使った無添加仕様の商品です。パッケージは、童話風に動物の家族を創作したストーリー仕立てのほのぼのとしたものにしました。ターゲットへの従来のコンセプト調査では好評価でした。

　しかし本当に子どもに受け入れられるのかを確かめたく、幼稚園や小学校低学年の子どもとその母親を呼んで、さらに調査を重ねました。母親と一緒だと子どもたちの自由な意見が聞けないので、母親と子どもの調査は別々の部屋で行います。子どもたちはさまざまなおもちゃが置いてある遊戯室でみんな一緒に遊びながら、食事について、特に野菜の好き嫌いや普段食べているものを聞きます。また、パッケージも見せて自由に意見を言ってもらいます。

　一番のポイントは、お昼ごはんの時間に「さあ食事の時間ですよ」と言って、少量ずつ4～5品を実食してもらうことです。

これを別室のモニターで見ていて、どの子が何を残すのか、あるいはおかわりをするのかを観察します。さらに別室では母親にパッケージ調査や、商品についての定性調査を行います。

母親の調査結果は予想通り、パッケージも商品コンセプトも好評価でした。しかし、子どものパッケージ評価は全く関心なしで、既存のアニメの有名キャラクターが圧倒的でした。子どもたちは、テレビのキャラクターイメージとともに食事をしているのかもしれません。

母親には広く浅い潜在ニーズがありましたが、子どもには顕在ニーズがなかったため、ありそうでない商品でした。子どもたちの調査現場を見て、この開発を即座に中止しました。

事例 ▶ 尖った商品ばかりでも成功した家電メーカー

狭くて深い潜在ニーズを常に求めて家電商品を開発しているメーカーがあります。

「三方よし」の考えのもと、近江麻布の行商を300年前に始め、現在は家電メーカーと海外も含め80社の卸もしている二刀流の小泉成器です。万人受けする商品には見向きもせず、ターゲットが明確な尖った商品ばかりを全社を挙げて目指しているのです。家電メーカーとしては中堅どころの市場位置をよく認識していて、ニッチ市場の探求に終始しています。

一人暮らしの朝食に絞ったトースターがいい例です。上下二段になっていて、下段でトースト、上段で目玉焼きが短時間で同時にできるのです。

ほかにも、家庭用のドライヤーのニーズを調べ上げ、短時間で髪を乾かせる「速乾」に最もニーズがあることを確信しました。こうしてダブルファンを備えた最も強い風量が特徴のダブルファンドライヤー「Monster」が誕生しました。

　ドラッグストアで売られていたヘアブラシに電池を2個搭載して、電化製品にしたこともあります。音波振動で髪の絡みを軽減したり、さらさらの髪に整えたり、頭皮に心地よい刺激のマッサージ効果をもたらす「リセットブラシ」は100万本のヒット商品となりました。

ターゲット顧客の目に見えない
潜在ニーズを掘り起こす

　顧客本人も気づいていない潜在ニーズを掘り起こして、そこから商品化にこぎつけると、他社もすぐには追随できないため、大ヒットにつながる可能性があります。しかし、画期的な商品はその使用シーンや今までにない満足感、ベネフィットが伝わらなければ、単なる一芸商品として埋もれてしまいます。

　例えば、先ほど述べた小泉成器ですが、ダブルファンドライヤーを発売するまでには気が遠くなるような長い歴史があります。50年前まで理髪店でしか使われていなかったヘアドライヤーの一般家庭用販路を開拓したのも小泉成器です。ドライヤーに求める「すぐに乾く」ニーズを見いだし、業界初のダブルファンを備えた「Monster」を発売し100万本のヒットにこぎつけたのです。

イノベーター理論の
5つの分類

　新商品の普及過程を研究した有名な理論があります。スタンフォード大学のエベレット・M・ロジャース教授（Everett.M.Rogers）のイノベーター理論です。新商品の時間経過の普及過程は、きれいな正規分布を描くとして次の5つに分類しま

した。

- イノベーター（革新的受容者）　　　2.5%
- アーリーアダプター（初期受容者）　13.5%
- アーリーマジョリティ（初期大衆）　34%
- レイトマジョリティ（後期大衆）　　34%
- ラガード（受容遅延者）　　　　　　16%

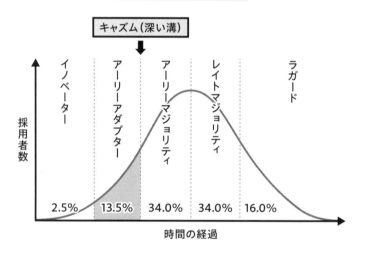

コンサルタントのジェフリー・ムーア（Geoffre Moore）は、「ハイテク産業の分析からアーリーアダプターとアーリーマジョリティの間には容易に越えられない『キャズム』（大きな溝）がある」ことを示しました（『キャズム ver.2 増補改訂版』

ジェフリー・ムーア著／翔泳社）。**普及率 16% を超えるのは非常に難しいのです。**

 倒産した旅館やホテルを再生させて
売り上げアップした星野リゾート

高度経済成長期の宿泊市場は、団体客の顕在ニーズが顕著でした。旅行代理店任せにしていても、次から次に団体客が旅館や観光地のホテルに送り込まれてきたのです。バブルがはじけて、団体客頼みで顧客の呼び込みを旅行代理店任せで大型投資をしていた旅館やホテルは倒産ラッシュとなりました。これは、顧客のニーズ探索を旅館やホテルが全くしていなかったから起きた問題です。

そんな中で、倒産した旅館やホテルの再生を専門としたのが星野リゾートです。星野リゾートは所有をしておらず、経営と運営専門です。そのため、大型投資はなかなかしません。倒産したホテルの前従業員から働きたいと希望があれば、給与水準は下がりますが引き受けます。顧客のターゲットを絞り、特定顧客の潜在ニーズを全員で考えます。

星野リゾートトマムについて見てみましょう。

トマムは北海道のほぼ真ん中に位置する 4 つのタワーホテル、スキー場、ゴルフ場、レストラン、温泉を備える大型リゾート施設でしたが、バブルの崩壊とともに破綻しました。当時、北海道には大規模リゾートが 5 つあり、その競合の中で埋没したのです。

その後、2004年から運営を星野リゾートが任されました。そこでほかの4つの競合との中でトマムの立ち位置を定め、徹底した顧客の特定を行いました。選んだのは子連れのファミリー層です。スキーを楽しんだ経験者は85％。当時スキーをやっている人は25％でした。

　かつてスキーの面白さを知っている層が今度は親となり、子どもと一緒に楽しめるのではないかと考えたからです。そこで、小さなジャンプ台や迷路など子どもがスキーで楽しめるアトラクションを集めた「アドベンチャーマウンテン」、夏場のゴルフ場を親と一緒に教わりながら回るための子ども料金無料、ベビーベッドや絵本、おもちゃが詰まった「ベビースイートルーム」などのサービスを完備しました。これらを導入してから売り上げが1割以上伸びました。

　しかし、課題はまだありました。夏場の集客です。夏場の集客のためには何をすればいいのか、顧客の潜在ニーズをあれこれ議論しましたが、どれもパッとしません。そんなとき、ゴンドラやリフトを整備しているスタッフがポツリとつぶやきました。「頂上で夏の早朝に見られる雲海は絶景なんだがなぁ」。この言葉に仲間が反応し、全員で顧客満足を考えて完成したのが「雲海テラス」です。

　雲海は毎日見られるわけではなく、発生する時間も早いため、運が良くなければ見ることはできません。頂上で雲海が見られる日は、下は雨か曇りが多いのです。しかし、今では年間13万人以上がゴンドラに乗ってトマムの山頂を訪れる北海道屈指

の人気スポットとなっています。地域のプロフェッショナルだけが知っている絶景が、顧客の心をとらえたのです。

　顧客の潜在ニーズを発掘するには、特定顧客のことを知り尽くし、マーケターが引き出しを多くして仮説・検証するのが王道です。しかしそれだけではなく、マーケター自身が顧客を超えるスーパー・カスタマーになりきって潜在意識に気づくという方法もあります。

ターゲット顧客とキャッチボールして 最大課題を明確化する

　顧客をいくら調査しても、なかなかヒット商品には結びつかないという悩みが商品開発者にはあります。また、商品寿命も短く従来のように時間をかけて開発するのが難しくなっています。そのような中での、新潮流の理論を紹介します。

デザイン思考について

　1991年、3社が合併してデザインファーム IDEO は生まれました。スタンフォード大学教授でもあったデヴィッド・ケリー（David Kelley）、弟のトム・ケリーとティム・ブラウン（Tim Brown）でした。世界一の技術を誇る自転車部品メーカーのシマノの米国進出にあたっても IDEO がデザイン思考で手伝いました。当初デザイナー、行動科学者、マーケター、技術者がタッグを組むプロジェクトがスタートしました。

　米国の90％が子どものころ乗っていた自転車に乗らない理由からはじめました。結果、「惰行」というコンセプトでハンドルにブレーキ類が一切なく、複雑な精密ギアの清掃、調節、修理、交換も不要の自転車。しかしパンクに強いタイヤと快適なクッション付きサドルとスピードに応じて自動的にギアが変わる高度な変速技術は搭載。

自転車に乗らなくなって久しい人々に、シンプルで、健全で、楽しい体験がよみがえってきたのです。さらにもう一歩先に進ませました。販売店に対して店舗内の空間デザインを含めた販売戦略まで提案しました。

　「デザイン思考」の特徴は商品開発プロセスの高速化にあります。基本は「よい解決策は顧客を中心とした試行錯誤からしか生まれない」という信念です。実行プロセスは次の5つです。

　①理解・共感
　②問題定義
　③アイデア出し
　④試作
　⑤テスト

　このサイクルを迅速に回し続けるのです。仮説アイデアが生まれたらすぐにプロトタイプを作って実際にテストすることが肝となります。「デザイン思考」の目的は、未来をデザインすることです。ニーズを需要に変える飛躍的な発想を生み出すには、三つの要素が必要だと言っています。(『デザイン思考が世界を変える』ティム・ブラウン著／早川書房)

　①「洞察」……他者の生活から学び取る
　②「観察」……人々のしないことに目を向け、言わないことに耳を傾ける

③「共感」……他人の身になる

　無印良品で知られる良品計画の元社長を私の主催する寺子屋塾にスピーカーとしてお呼びして、西武の堤元会長のすごさや良品計画の組織の強さについて伺ったことがあります。「無印良品」の新商品開発はまさに「デザイン思考」の先をいっています。新商品開発は、商品部、デザイン室、品質保証部の三位一体で行われます。

　収納家具を考えていた際、ターゲット顧客の若者たちから「狭くてもう置く場所がない」「でも収納は欲しい」という切実な声がありました。連携チームの特徴の一つに、ターゲット層の現場となる家の中の写真を徹底的に集め、それをチーム全員で観察して考えるというのがあります。その結果生まれたのが、大ヒットした『壁に付けられる家具』シリーズです。

事例 ▶ 日本で家庭用食器洗い洗浄機が普及するまで

　話を本筋に戻しましょう。日本で家庭用食器洗い洗浄機（食洗機）がある程度普及するまでどのくらい時間がかかったと思いますか？　その答えは、実に約半世紀近くです。

　米国では、今から160年前に木製の手動式食器洗い機が発明されました。その100年後、日本では松下幸之助（パナソニック創業者）の「主婦を家事から楽にしてあげたい」という想いが叶い、日本初の家庭用食器洗い洗浄機が1960年に誕生しました。しかし、米国を手本としたため衣類用洗濯機かと思える

ほど大型であり、全く売れませんでした。

　そのほかの売れない原因は技術先行となったこと、当時の日本の台所事情の狭さと洗浄力が不十分だったことです。

　日本は米国と違ってコメ文化です。米粒が乾燥するとこびりついて洗い流せなかったのです。ほかにも洗浄力の問題として挙げられるタンパク質と脂の汚れを解消するため、温度、洗剤を改良しました。

　まんべんなく水を噴射するノズルの開発で壁に当たっていた開発者が、庭のスプリンクラーからヒントを得て回転噴射方式の開発に成功しました。8年後、従来品と比べると小型の卓上食器洗い機が満を持して商品化しました。しかし、これも全く売れませんでした。

　発売から25年間、1980年代半ばまで普及率はほぼゼロです。ほかの部署への転出など縮小に次ぐ縮小となり、社内からも見捨てられた風前のともしびの開発チームとなりました。しかし、顧客を家事から解放する夢は決して捨てませんでした。

　高度経済成長に伴う1970年代後半から、有リン洗剤の河川や湖への汚染など環境問題もクローズアップされていました。1986年に「キッチン愛妻号」を発売するも売れず、開発陣は買ってくれた顧客の使用現場を自分たちで見て出直しました。

　開発部門が営業スタッフと協力して、実際に食器洗い洗浄機を購入している家庭を50軒近く訪問して生の声を集めました。台所には蛇口が1つしかなく、いちいち動かすのは面倒なので、

水道工事して蛇口をもう1つ作っている現場を見て、開発陣は自分たちの間違った思い込みにショックを受けました。

その結果、1つの蛇口を2つにする分岐水栓を開発。でんぷん分解酵素とタンパク質分解酵素も配合し、環境問題に配慮した無リン化の専用洗剤も独自開発しました。ノズルも長短2つを連結した「游星ダブルノズル」にして、1992年に新商品を投入しました。つまり、**顕在ニーズの改良**をしたのです。しかしこれまた売れませんでした。問題は、キッチンの狭さが普及の邪魔をしていることです。

今度は設計者、企画担当者、デザイナーも一緒に顧客の台所現場を見に回りました。顧客の台所にプロトタイプ4台を70世帯に持ち込み、実際の声や感覚的な意見を丁寧に聞きとりました。この結果をもとにあらゆる機能や部品を総合的に見直したところ、1995年に待望の100万台を突破しました。さらにコンパクトにした新商品（1999年）は、狭い集合住宅でも設置の可能性が3倍に高まりました。

環境意識が高まっているエコの時代に、節水に挑戦した「ナショナルの食器洗い節水力」というコンセプトで業界最小の節水力を実現しました。「汚れはがしミスト洗浄」（2004年）による口紅や渋茶の汚れ対応、「除菌ミスト」（2005年）による衛生意識、「エコナビ搭載」による省エネ意識への対応などその時々の顧客ニーズを把握してタイムリーな商品化を行いました。2002年に累計300万台、2006年に累計500万台、2017年

についに 1000 万台を達成しました。

　開発技術者、企画担当者、デザイナー、営業スタッフをも巻き込み、顧客とのキャッチボールを通じて、顧客の顕在ニーズや潜在ニーズを把握しようとする姿勢。それに対応したあくなき商品開発と投入が、半世紀を経てようやく実を結んだのです。実に長い道のりです。

「顧客の特定」
ホテルのエンディング・ストーリー

　第1章の締めくくりとして、ホテル・旅館業界のケースを取り上げます。宿泊業のマーケティングは、立地、建物、設備などの**ハードの領域**と食事、くつろぎ空間、従業員サービス、おもてなしなどの**ソフトの領域**、それに見落としがちですが予約システム、顧客情報管理、利益管理などの**情報領域**の3つをどのように組み合わせるかがポイントになります。

　コロナ禍で経営基盤の弱いホテルや旅館は休止、従業員数の縮小、廃業に追い込まれました。また、最近の傾向として、従来のコストパフォーマンス訴求型のホテルに加えて、インバウンドの増加を見越して超高級ラグジュアリーホテルが東京都内や観光地に激増しています。

　ここでは、独自のS・T・Pを明確にして特定の顧客を絞り込み、固定客や新規顧客を獲得しているケースを2つ取り上げます。ここから、尖った市場細分化と市場での立ち位置を学ぶことができます。大都市での低価格ホテルは過当競争気味ですが、その中で独自の立ち位置を明確にしているホステルを紹介します。

①泊まれるシアター「Theater Zzz」
「Theater Zzz」は、江戸博物館のある都営大江戸線両国駅か

ら徒歩5分の好立地。ベッドも個室もないプチホテルで、都会での非日常体験を売りにしています。コンセプトは泊まれるシアター。中に入ると、人工芝を敷き詰めた段々畑状のメインステージがあります。

「この広場で1本の映画を鑑賞し、一服のお茶で心を落ち着け、そして1枚の布でテントを張る。そして気が向けば初めての人と談笑する。1人になりたければテントに入って映画の余韻に浸りながらくつろぐ」。こんな光景の最大18名が宿泊可能なホステルです。1室の貸し切りも可能です。場所柄、若者のインバウンド客も多いようです。非日常のライフスタイル提供に特化したホステルですが、家族やグループでの利用など使用シーンはそれぞれで楽しめます。

このホステルのすごいところは、もし不振になってもハードの投資や制約が少ないので、内装を少し変えれば、ほかの業種にも転用可能なことです。また、顧客にとっては外国人とのコミュニケーションの格好の場でもあります。映画を見たあとのテント村での会話は弾むでしょう。

②ライフスタイル提案温泉宿「里山十帖」

次は本業での経営理念やマーケティング・フィロソフィーを貫いて、結局、旅館業を運営してしまったケースです。この章の最後を飾るにふさわしい究極のS・T・Pなのです。

ホームページを眺めるだけで、心はすでに里山十帖の虜になってしまいそうです（satoyama-jujo.com）。日本の原風景、里山の夕暮れ時の写真の中央に細くて小さい白文字で「一日一組

となります。眺望抜群のリノベーション済み一軒家」と抜いて表示してあります。そして田んぼの目の前の古民家の写真の下にやや大きな黒文字で「私たちの使命は、古民家を後世に残していくことです」とあります。

　里山十畳は、本物志向の豊かなライフスタイルを提案する雑誌「自遊人」が運営する温泉宿です。「自遊人」は2004年から新潟県南魚沼市に移転しており、代表取締役社長兼編集長の岩佐十良（とおる）氏の想いは、「自分たちが文章や写真で伝えていた南魚沼産のコシヒカリのうまさやライフスタイルを体験する宿を持ってみたかった」ということのようです。雑誌編集のほかに、米や農産物、食品加工の製造販売も手がけていました。東日本大震災の翌年、温泉宿の買収が持ち掛けられ、さすがに悩んだようでした。そして2014年5月に南魚沼市大沢山温泉にあった温泉宿をリニューアルしてオープン。築150年の古民家をリノベーションしました。近くには5つもの日本百名山に囲まれた大自然が残っています。

　「さとやまから始まる10の物語」をコンセプトに体感するメディアとして、今後100年後世へ引き継ぐために冬でも古民家なのに寒くない家、それを取り巻く風土・文化・歴史、真に豊かな暮らしを提案していくための宿です。

　客室は13室ですが、1日1組限定という貸し切りの贅沢さや、四季折々の絶景が楽しめる露天風呂によりリピーターを増やしています。「自遊人」の特集で選りすぐった家具も配置してい

ます。例えば「快眠を誘うベッド」や「座り心地抜群の椅子」、ロビーに備えてある「薪ストーブ」、温かみのある照明、これらは館内にあるライフスタイルショップでも購入できます。

　建物は 2014 年度のグッドデザイン賞、グッドデザイン・ベスト 100、ものづくりデザイン賞を併せて受賞しています。

　オープン当初、メディアへのプレスリリースもマスコミ発信もせず、平日は空室が目立ちました。しかし本物は口コミで広がるものです。「自遊人」のライフスタイルに憧れ、里山十帖に泊まって真に豊かな生活に共感した人が口コミを投稿するようになり、共感の輪が広がったのです。オープン 3 カ月で稼働率は 9 割を超えました。今後は近所に点在する古民家を快適に過ごせるように整備して、魚沼の地域の豊かさや、歴史・風土をずっと体験してもらうことが岩佐氏の将来の「夢」だそうです。

　経営理念やマーケティング・フィロソフィーにつながる究極の「顧客の特定」は、時代を超えて受け継がれます。自分も顧客も飽きない真の日本の「商い」は、永続するチカラを秘めています。

第1章のまとめ

☑ 経営学の父 P.F. ドラッカーいわく、経営者にとって最も重要な ものは「ミッション」、次に重要なのは「顧客は誰か」

☑ マーケティングの考え方は、企業だけでなく病院や行政、個人 でも活用できる

☑ 「顧客の特定」を行うには、マーケティングの最も大切な基礎 理論であるS・T・Pフレームワークが不可欠

☑ セグメンテーション＝市場細分化。細分化の代表的な基準は地 理的細分化、人口動態的細分化、心理的細分化、行動による細 分化

☑ 顧客の頭や心の中で有利な位置を占めることをポジショニング という。ポジショニング・マップも有効なツール

☑ 顧客を特定し市場での立ち位置を定めたら、さらに特定顧客を 深く知る「顧客インサイト」と「顧客の先の特定顧客」も必要

☑ 真のニーズは顧客本人も分かってない場合が多い。これを「潜 在ニーズ」とよぶ。見つけにくいが他社と差別化しやすい

☑ デザイン思考とは、洞察してターゲットが決まったあとに試作 品を作りテストを高速に繰り返し、未来をデザインする考え方

第 **2** 章

マーケティング3原則②
価値創造「What」

顧客
の
特定

価値
創造

顧客満足
の
仕組み化

ブラン
ディング

関係性
構築

シンマーケ

理論 2
顧客価値の創造「What」

　市場細分化、標的市場の選定、市場での立ち位置（S・T・P）を通じて、「顧客の特定 = Who」が決まれば、次は「顧客価値の創造 = What」です。モノやサービスを作る前に、その源泉となる「顧客価値」、つまり顧客が本当は「何」を望んでいるか考え抜くことが極めて重要です。

　私がマーケティングを学び始めたころ、ハーバード・ビジネス・スクールのセオドア・レビット（Theodore Levitt）教授が唱えたことはマーケティングの本質を鋭くつくものでした。当時、顧客志向という考えが全く浸透していなかった時代に、「鉄道事業やハリウッドの映画産業が衰退したのは、事業を鉄道や映画と単に狭く捉え、顧客視点に立ってもっと広く輸送業やエンターテインメント業と捉えなかったからだ」と断定しました。顧客志向の重要性を的確に指摘した論文にそう書かれており、当時まだ学生の私には目から鱗でした。

　また、レビット教授はこうも述べています。「1／4のドリルが100万個売れたのは、人びとが1／4インチのドリルを欲しかったからではない。1／4インチの穴が欲しかったからである」（『マーケティング発想法』セオドア・レビット著／ダイヤモンド社）

　半世紀たった今でもこの考えが通用するのは「**顧客が求めて**

いるのはモノではなく、**顧客視点の価値**」だということを明らかにしたからです。

　顧客を特定しそのニーズを明らかにできたならば、単純にそのニーズに応える商品を開発すればいいのではと思うかもしれません。ですが、実は顧客のニーズを組み合わせたり、ニーズの裏にある真のニーズを探し出したりしなければいけない場合が多くあります。ドリルつながりの事例で説明しましょう。

事例 顧客価値に応じて 販売からレンタルに変えた工具メーカー

　欧州のリヒテンシュタインに本社を置く1941年創業の工具メーカーのヒルティは、主に建設現場で使用する業務用の小型の電動工具を専門にしています。商品の構造はさほど複雑ではなく、1990年代後半から価格競争でコモディティ化してきていました。顧客調査をすると、商品にはほぼ満足しているとの結果が得られました。

　次に、現場で困っていることは何かを追求しました。一個一個の工具は安価ですが、もし工具が故障したり壊れたりすると工事が一時ストップすることになりかねません。建設作業現場での主な仕事は家やビルを建てることであり、工具の管理ではありません。ヒルティ社は、顧客の真のニーズは「必ずしも新品の工具ではなく、整備済みの使える工具が欲しい」のだと気づき、大きな決断をしました。従来の販売方式のように顧客が一つ一つの工具を購入し、自分でメンテナンスをするのではなく、必要な工具一式をリースにすることにしました。この決断

により、顧客は使いたいときに必要なものだけをリースして、整備された工具を使えるようになりました。

　こうした試みは2000年に始められ、2003年には世界の大半でこの方式に転換しました。まさにレビット教授の言う通り、「ドリルメーカーはドリルを売っているのではなく、穴を売っている」のでした。

辺鄙な場所にあるのに世界から顧客が訪れる医療機器メーカー

　もう1つ、自分の体験と夢の実現から、どこもやりたがらない顧客の真に欲しい価値を創造し続けている会社を紹介しましょう。法政大学大学院坂本光司教授の『日本でいちばん大切にしたい会社』（あさ出版）にも出てくる中村ブレイスです。

　日本で一番辺鄙な場所にある会社として紹介されています。日本で一番過疎化が進んでいる県といわれている島根県の中でも、特に辺鄙な石見銀山の麓に本社があります。この山奥にある会社に、日本だけでなく世界中から顧客が訪れます。しかも、若者が「この会社に入りたい」と大都市から就職しに来るのです。

　中村ブレイスでは、耳や鼻、指や腕、脚、さらには乳房などの義肢装具を作っています。若者たちが泥だらけ、汗だらけになって、粘土のようなもので義手や義足を作っているのです。「ブレイス」とは、人を支えるという意味。人を支えるのが中村社長の信念です。

中村社長は5人兄弟の末っ子で進学を断念してどこに就職するか悩んでいた際、お姉さんが働いている国立病院の副院長を紹介されました。「京都の業者で義手や義肢を作っている会社がある。とても大切な仕事だ。君もそういう技術を身につけたらどうだろう」とアドバイスをされ、その会社に就職しました。その後、出入りの病院の先生たちに触発され、海外の最先端の技術に触れたいという願望が芽生えました。

　必死に働き続け、片道2時間半をかけ夜間大学で勉強もしました。卒業後、働いて貯めたお金で米国の世界的な義肢装具会社に転職しました。このとき24歳の若さでした。
　アメリカで最先端の仕事を身につけてから、日本に帰国しました。そのころはまだ義肢装具のニーズは大都市ならまだしも、地方には全くありませんでした。そのころの日本では、事故で手がなくなったら諦めるしかないという感覚でした。島根にこだわり島根で一人起業をしました。最初の1カ月は雪かきが仕事でした。

　中村さんの信条は、一人一人に合わせて義手義足を手作りして、顧客のニーズに応えて試作を起こし、具合が悪ければ直すという丁寧なキャッチボールのモノづくり。この仕事はまさに、昔日本が誇った江戸時代の職人の手仕事に似ています。口コミで客が1人増え、2人増えと、中村ブレイスの魅力は次第に認知されていったのです。

1996 年にモンゴルで大火災が発生し、逃げ遅れた羊を助け
ようとした少年が被災し、両足を付け根から切断しなければな
らないことがありました。そのことを知った中村さんが渡航費
用から滞在費全てを会社が持つからと全面協力を申し出ます。
　義肢はきちんと使いこなすまでにとても時間がかかるため、
会社を挙げての数年がかりの大仕事でした。

　今では、中村ブレイスで扱う商品は 200 種類を超えます。扱
う商品の 1 つに、潜在需要者が何十万人といる人工肛門があり
ます。人工肛門は外国人の体形にあった高価な外国製のものだ
けでした。日本人に合い、取り外して簡単に洗える人口肛門の
開発・商品化に 10 年間取り組み、成功しました。

商品価値とは

　商品の価値は、一般的に「機能価値」と「情緒価値」に分か
れます。ここではさらに詳しく、商品を実際に使用したときの
価値としての 3 分類（中核価値、実体価値、付随価値）、顧客
側が頭の中でイメージした「知覚価値」、あっという体験をす
る「経験価値」について簡単に触れましょう。
　使用価値は次の 3 つに分けられます。

使用価値の 3 分類
　①中核価値：それがないと買わない基本機能の価値
　②本質価値：デザイン、品質、特殊機能などそれがあると買

いたい価値

③付随価値：品質保証、アフターサービスなどそれがあると
嬉しい価値

　これらの使用価値とは別に、商品を買う前から広告宣伝や口
コミなどにより前もって顧客の頭にイメージされた知覚価値が
あります。

　一般的に**消費者は、価格などの交換価値より、実際に商品を
使ったことによる使用価値のほうが大きければ満足します**。そ
の逆であれば不満足となります。買う前に期待が大きく知覚価
値が高く、使用価値を上回りすぎると不満足となります。つま
り、次の図式が成り立ちます。

使用価値　≧　知覚価値　＞　交換価値　→　満足
使用価値　＜　知覚価値　＜　交換価値　→　不満足

　時計を例に説明しましょう。使用価値のうち、これがなけれ
ば時計とはいえない「中核価値」は「時刻を正確に知る」価値
です。安全に登山するための登山時計、水に潜っても機能する
潜水時計、ジョギング時計などは、使用シーンでの機能を強化
したセグメントニーズ対応の本質機能別の時計です。これに対
し宝石や貴金属でデザインされたファッション時計は、付随価
値に特化した時計です。

　これとは別に、広告を展開してブランドが確立したスイス時
計職人の精巧かつセンスの高いブランド時計は、知覚価値を高

めた時計です。

　また、新たなコンテンツを使用し、今までにない経験や驚き
を覚え、ディズニーランドのように何度もリピートすることが
あります。これを「経験価値」と呼びます。

商品ライフサイクルについて

　商品ライフサイクルは、1950 年にジョエル・ディーン（Joel
Dean）が提唱した考え方です。商品が世の中に登場してから
その寿命を終えるのは、人間の一生と同じく、導入期、成長期、
成熟期、衰退期の 4 つの段階を経ることを示しました。それぞ
れの段階で売り上げと投資・利益、戦略が異なることを示唆し
ています。これを第 1 章で述べた新商品普及過程のイノベー
ター理論と重ねあわせると、とるべき戦略に大きな示唆を与え
てくれます。

　新商品の**導入期**は、その商品を顧客に認知させるための投資
が必要です。イノベーター理論でいえば全体の 2.5％相当のイ
ノベーターが飛びついてくれますが、数が多くないため、利益
は赤字となります。

　成長期に入ると他社の参入が続き、売り上げが伸びることで
市場が急拡大し、利益が出てきます。しかし競争が激化すると
商品の価格は低下します。顧客はアーリーアダプターから母数

の大きいアーリーマジョリティを獲得することとなります。

成熟期になると価格競争も激化し、市場はレイトアダプターを取り込むものの横ばいとなり、他社との差別化も必要となります。利益は下降します。リーダー企業はブランドを強化してシェアの防衛を図ることとなります。

衰退期は、ラガード層が取り込めるものの初期のイノベーターやアーリーアダプターが去り、一層の価格下落が起こります。利益が出にくくなるため、撤退する企業が出てきます。商品の合理化を図り、生産性を上げる戦略が必要となります。

一般に、**企業の参入時期は導入期末か成長期がいい**といわれています。

事例 音楽メディア業界の栄枯盛衰について

私が学生のころはレコード業界全盛でした。カセットテープが1960年代に登場しました。最初はすぐにイノベーターが飛びつくものの、なかなか伸びずに成長期に入るまで10年近くかかりました。80年代に入り、レコード市場が成熟期から衰退期に入っていきます。そんな中で新しい市場を築いたのが、今では伝説となったウォークマンです。

SONYのウォークマンは、顧客も気づいていない潜在ニーズに応じて開発された画期的新商品といえます。若者のライフス

タイルを一変させ、瞬く間に世界中に浸透しました。自分の好きな音楽を自室だけではなく外出先でも自由に聞けるようにして、いわば大きなレコーダーを持ち運び可能な携帯用にしたのです。この商品はすぐに市場を席巻し、SONY の名を世界にとどろかせました。

　この成功を見て、競合がこぞって携帯音楽メディアプレイヤーに参入しました。レコード市場は 90 年代の初めにはほぼ消滅します。成長を続けていたカセットテープも、緩やかな衰退期に突入することになります。

　携帯音楽メディアプレイヤー市場は競争激化で商品価格が下落する中、先行のウォークマンはさらなる軽量化と高品質化で差別化を図ろうとしていました。また、ネットを通じての音楽配信も各社が試行錯誤するようになり、成熟市場の末期の状態となりました。

　ここで今までの市場を破壊する威力を持った新商品をラストランナーとして投入したのが、スティーブ・ジョブズ（Steve Jobs）率いる Apple です。2001 年に、携帯デジタル音楽プレーヤーの iPod を発売しました。他社が数十 MB の SD カードを使用していたのに対し突如登場した 5GB の大記憶容量は、自分だけの音楽室をそのまま持ち運べるような衝撃がありました。

　その後、2001 年の iTunes、2007 年の iPhone と、Apple は顧客ニーズの一歩先をいく Apple らしい感性価値と経験価値を生み出しました。

ターゲット顧客の最大課題は何か

　最大課題が分かると、その解決のためにアイデアをたくさん出して試行錯誤していく段階になります。単純にニーズを満たす価値を提供すれば済む場合もありますが、顧客も気づいていないニーズを組み合わせ、顧客にとっての最大課題を見いだせた場合は、画期的新商品につながることがあります。

当たり前を見直す

　古い話になりますが、大学2年時に受けた専門選択授業に行動諸科学という聞きなれない科目がありました。その授業のインパクトは今でも鮮明に覚えています。後に慶應藤沢キャンパスの校長にもなった井関利明先生はこう言いました。

　「君たちは今までの常識や考え方にとらわれている。ここに10円玉があったとする。真上から見れば円形。真横から見れば長方形。では、象が見たらどう見えるか。ミクロの細菌だったらどう見えるか。君たちは10円玉と知っているから10円玉に見えるが、見る位置、見る立場によってまっさらな目で観察すれば、モノは違って見える。それと同様に、当たり前と思われる考え方、モノの見方をさまざまな位置や角度から見直しなさい」と。

先生は、科学や学会で定説になっている考え方や枠組みがガラッと変わることがあり、それを「パラダイム・シフト」と言うと力説していました。

事例 ▶ 文房具メーカーでのマーケティングの考え方

　学生時代のゼミの先輩で、文房具メーカーの「プラス」から社内起業して「アスクル」を創業した岩田彰一郎元社長がいます。岩田社長から創業時のお話を伺ったとき、マーケティングにおける重要な考えを聞くことができました。

　当時、プラスの前には業界の巨人「コクヨ」が立ちはだかっていました。岩田社長は「このままではいけない」と、当時の社長の許可をとって、やる気のある若手とともに会社の将来を変える新規事業プロジェクトを立ち上げました。そのとき、そのプロジェクトの外部指導者としてお願いしたのが前述の井関先生です。

　終わりが見えない議論が1年以上続き、その中で分かったのは、既存流通経路による消費市場ではコクヨにかなわないということでした。結論として、コクヨが相手にしないような従業員数が少ないオフィスに需要があるのでは、と考えました。「10人、20人規模の会社はどうやって文房具を買っているのか」と、特定顧客のニーズ探しが始まりました。そこから、会社の規模が小さいため担当者が直接近くの文房具店に買いに行

っているという実情も見えてきました。

　そこで、注文を受けてからいかに早く会社に届けられるかを追求し、「今日注文を受ければ、最短で明日プラスの文房具を届ける」という意味を込めて、自社商品の通販事業「アスクル」を立ち上げました。

　しかし、すぐに顧客のニーズと不満に直面しました。「素早くオフィスまで届けてくれるのはありがたいけれど、プラスではなくコクヨの使い慣れた文房具が欲しい」「ついでにトイレットペーパーや飲料も届けてほしい」というニーズが出てきたのです。

　これにはさすがの岩田社長も迷ったそうですが、「全ては顧客のために」という思いから、ライバルのコクヨの商品も扱うことを決めました。これには社内の営業の総反発を受けました。しかし、結果的には今のアスクルを見ても分かるように、大きな成長を遂げることに成功しています。

商品発想ではなく顧客発想が先

　顧客志向のマーケティングでは、必ず顧客発想が先でその次に商品発想という順番になりますが、例外はあります。得てして芸術がそうです。作家がいちいち読者のニーズ通りにストーリーを展開させていてはいい作品になりません。同様に、職人芸の工芸品や映画、音楽なども顧客の反応を参考にするものの、大切なのはクリエーターのエッジです。

　しかし一般の商品や事業では、商品発想からスタートするとあとからいろいろな壁にぶち当たることになります。**商品ありきだとあの人にもこの人にも売れると思いがちで、どれが顧客価値なのか、あるいは誰にどのように売ればいいのか見えない迷路に入り込みがちなのです。**

　特にスタート・アップやベンチャービジネスでは、商品ありきで苦労することがよく見受けられます。第1章で顧客に試作品を作ってどんどんサイクルを回すデザイン思考を紹介しましたが、ここではスタート・アップ向けの理論を紹介しましょう。

軌道修正の考え方

　8つのスタート・アップに参加し、4つを上場させた起業の

魔術師スティーブ・ブランク（Steve Blank）は、その秘訣を2005年に『アントレプレナーの教科書』としてまとめました。その中核となる考え方は次の4ステップです。

①顧客発見（聴いて発見）
②顧客実証（実際に売って検証）
③顧客開拓（リーチを確認して検証）
④組織構築（検証をもとに市場を拡大）

②でうまくいかなかったら軌道修正して①に戻ります。スタート・アップの組織は、「商品開発」と「顧客開発」の2つのチームだけでよいとまで言い切っています。

学生時代に3つの起業を経験したエリック・リース（Eric Ries）は、彼の考えに共鳴して弟子入りし、さらにトヨタの無駄を省く考え方も導入し、「リーンスタート・アップ」という考え方に至りました。その骨子は次の通りです。

• 顧客に価値を提供できないモノは全て無駄
• 検証できないモノ、学びにつながらないモノは全て無駄
• 手作りでも不完全でもいいから、アイデアや試作品を仮説、検証サイクルで高速回転させる

つまり、「構築」→「計測」→「学習」のサイクルのうち、どこかでうまくいかなかったらピボット（軌道修正）してまたサイクルを回すということ。要は、師匠ブランクの「顧客開

発」でのピポットを、トヨタの無駄を省いた生産方式（リーン生産方式）を加味して、ピポットを経営全体に取り入れたのです。ビジョンに向かってピポットを繰り返すことがスタート・アップの成功の鍵なのです。

事例▶　軌道修正で成功した会社

　例えば、Instagram は当初、現在地や写真を共有できる位置情報アプリとして開発されましたが、その後「写真の共有に特化する」というピポットを行うことによって大成功しました。

　Airbnb（エアビーアンドビー）は、当初は個人の部屋のベッドを貸し、朝食を提供するサービスをやっていましたが、うまくいかず軌道修正しました。そのきっかけはニューヨークの一人のミュージシャンがツアー中に自分のアパートの部屋を全て貸し出すという登録からでした。
「空き部屋を貸したい」という顧客ニーズから学習し、空き部屋の貸し借りサービスへ転換することにより成功を収めました。

顧客生涯価値を考える

　マーケティングは現在の企業を取り巻く環境を分析し、一連のマーケティング活動によって現在や近い未来に向け顧客と企業の良い関係を築くものであります。しかし、**マーケティングをしていると短期の目標達成ばかりに注目してしまい、長期的視点や動態的視点を欠く場合があります。**

　マーケティングの本質は、企業側からみれば需要創造（顧客創造）です。顧客創造というと既存顧客の維持より新規顧客の獲得を重要視しがちですが、成熟市場では顧客の新規獲得コストは増大するばかりです。顧客の新規獲得コストは、既存顧客の維持コストの5倍以上はかかるといわれています。

　顧客も一個人としてみれば、それぞれのライフステージにおいてニーズが当然変化していきます。顧客の変化の機微を考慮しないで今まで通りの対応をしていると、顧客が離れていきます。これに加え、デジタル技術の進展により、顧客単位のパーソナル情報のトータル管理もしやすくなってきています。

　こうした状況の中で注目されているのが、**顧客生涯価値**（LTV：Life Time Value）の考え方です。顧客生涯価値は単純な数式で表すと以下のようになります。

顧客生涯価値＝平均購買単価×収益率×購買頻度×継続購買期間

厳密にいえば、ここから1人当たりの新規顧客獲得コストと既存客維持コストを引いたものが顧客生涯価値です。顧客生涯価値を向上させるには、それぞれの要素をアップさせる必要があります。ただし、平均購買単価をいたずらに上げると顧客の離反を招きかねません。関連商品も買ってもらえる努力をして、さらに上位商品やサービスへの関心を高めるなどきめ細かい配慮が必要です。

　購買頻度は大切な要素です。購買頻度を増やすには、顧客との接触機会を増やし、適切なタイミングで自然と商品に対する愛着を持ってもらうことです。

　継続購買期間の向上には、まず離反した顧客の理由を一つ一つ見極め、それらの対応策を考えていくことが基本です。離反を防いだあとは、長く使ってもらえるような重要顧客への特典や特別サービス、会員制度の導入、ポイント付加サービス、そして最近はやりの定額サービスのサブスクリプションという方法もあります。

事例 ▶ 顧客の声を聞いて生まれ変わった新聞販売店

　ペンシルバニア大学ウォートン校で経営学修士をとり、外務省、米国家電メーカーの日本代表を経て、コンサルタントや作家業で数々の先進的ビジネス書を出し続けている神田昌典さんをご存じでしょうか。その著作の一つで、顧客の声を聞いて生

まれ変わった浜松の新聞販売店について書いています。

　物語の主役は1960年創業の柳原新聞店。若者の紙媒体離れが止まらず、新聞読者層は高年齢層が多くなっています。新聞配達事業はライフサイクルでいえば完全な衰退期の仕事です。新聞社本体ですらデジタルへ移行している昨今、紙媒体の新聞は加速度的に減少しています。

　今の社名のアウンズ・ヤナギハラのホームページを見てみると、社員数は144名、店舗数は9店舗。とても地方の新聞販売店とは思えない規模です。一体どんなことをやってきたのでしょうか？

　60年以上の歴史を持つヤナギハラがやってきたのは、**顧客の声を丁寧に聞くこと**でした。ちょっと長いですが、トップメッセージをそのまま引用します。

「私たちがご家庭に新聞をお届けする際には、お客さまからたくさんのお声をかけて頂きます。『お友達作りや趣味の場があったらうれしいな』。そんな声にお応えしてカルチャーサロンが立ち上がり、お買い物に不便を感じているとお聞きしたことで安全で安心なお食事をお届けする食品宅配事業が誕生しました。『すまいるサポート事業部』は、夕刊配達時に『電球を取り換えて欲しい。高いところに手が届かなくて…』とご高齢のお客さまからご相談いただいたことがきっかけで始まった『暮らしを豊かにするお手伝い』です。

　皆さまのお声にお応えしようと始めた私たちの事業が、市内を超えて広がっていることはとても嬉しいことです。これから

も、地域は変われども想いは変わらず。『お困り事はないだろうか』『何をすれば皆様の豊かな暮らしのお手伝いができるのか』を追求し続けたいと思います」
（株式会社アウンズ・ヤナギハラ／浜松本社／会社案内／トップメッセージより）

　最初はやみくもに牛乳の宅配を始めたそうです。そのうち、地域の野菜の宅配も始めました。新聞は高齢者の家に、牛乳はお子さんのいるファミリー層に、野菜の宅配は新鮮なうちに届けないといけないなどさまざまな苦労がありました。
　その苦労を乗り越え、自分たちは新聞配達だけをやっているのではなく、地域に密着した生活情報サービスをやっているのだと気づいたそうです。そうして自社の社屋を利用して趣味の講習会や講演会を始めました。オリジナルの情報誌を発行し、コンテンツを埋めるために「エムズ倶楽部」というカルチャーサロンも手がけました。宅配送品も扱い始めたため、コールセンター業務もやるようになりました。

　これらは既存顧客のニーズを丁寧に吸い上げ、一つ一つ対応していった賜物なのです。ですから新聞をとっている顧客とヤナギハラの間に強い信頼が生まれ、地域に密着した太い絆で結ばれています。新聞だけでなく、サロンや宅配での新規顧客も増えています。「顧客生涯価値」が今後もどんどん向上していく素晴らしいモデルです。キャッチフレーズは「心でとどける。心でむすぶ。アウンズ・ヤナギハラ」です。

シーンとベネフィット、そしてエンジョイ

　顧客の課題を解決するには、顧客のシーンをマーケター自身も体感することが重要です。

　顧客の「潜在ニーズ」や、ニーズがあるのに解決しない「未充足ニーズ」など、顧客にとっての最大課題を洞察するには使用現場が分かっていないといけません。

マーケターが商品の価値を実感することが大切

　第1章で取り上げた、パナソニックの50年近くかかった食器洗浄機の開発物語で、売れずに壁にぶつかった開発者がデザイナーや企画者と一緒に食器洗浄機が置かれている家庭の台所の狭さを観察して、ショックを受けたケースを思い出してください。

　現場重視で顧客の生活シーンを体感したならば、もう1つ大事なことがあります。それは、**顧客にとってのベネフィットを考え抜き、そこで得た経験を商品開発に生かすこと**です。

　ベネフィットとは日本語で「便益」と訳されますが、ここでは顧客にとっての「価値」と同義ととっても差し支えないでしょう。商品をどういう気持ちで、どういう場面で使用し、どういう楽しみ方をしているのかをマーケターが実感することが大

切なのです。

　シーンを重視し顧客の声に耳を傾ける会社

　調査や競合分析より、顧客と日々向き合い社員全員がオートキャンプを体験し、体験した価値を提供している事例を紹介します。

「スノーピーク」の山井太社長の父親は、日本を代表する金属加工のメッカである新潟県燕市と三条市で金物問屋をしていました。趣味の登山で使うアイゼンやピックを自ら設計し、設計図を商品化して売ったりしていたそうです。顧客を超え、自分たちの欲しいものを創るという社風はこのあたりから来ているのかもしれません。

　外資系の貿易会社で働いていた息子の太氏が会社に合流したきっかけとして、当時の国産キャンプ用品は粗悪品が多く、自分が欲しい本物の商品を創りたいという大きな動機があったようです。風が吹いても壊れず、雨漏りもしないテントを創りたいという想いで、お金に糸目をつけず最先端の素材とテクノロジーを注ぎ込んで、納得のいく最高品質のテントを作りました。当時、9,800円や19,800円が国産テントの常識的な価格でしたが、そのテントは16万8,000円になりました。

　当時のテントでは、天候が悪化すると安心してキャンプができませんでした。ただ、最高品質とはいえ16万8,000円という

価格は高すぎて売れるはずがないと社員でさえ思いました。しかし、結果は意外にも100張り売れました。

それから、キャンプ用品を次々と開発し、それまで山登りが主体だったアウトドアに、多目的スポーツ車（SUV）で乗り着けてアウトドア生活を楽しむ新しい価値観を普及させました。SUVの普及とともにキャンプ場も全国にできて、市場は一気に拡大しました。オートキャンプ用品を発売したのが1988年、その5年後には日本のオートキャンプ人口は2,000万人という爆発的な伸びを示したのです。

スノーピークのモノづくりは、日本人の体格に合うだけでなく、リッチという価値観をもたらしました。商品開発はサンプルを作って仮説・検証を本社前のフィールドで繰り返す徹底したもの。新しいキャンプの楽しみ方に合致した、どこにもない商品を開発し新しい市場を創っていったのです。

スノーピーク愛好者30組を本栖湖のキャンプ場に集め、直接声を聞きました。特に衝撃を受けた生の声は、

① 「品質はいいが、価格が高すぎる」
② 「システム化された商品なのに、小売店での品ぞろえが悪い」

という2点でした。

顧客の声を実現するために、問屋を外し直接小売店に販売することにしました。自分たちで直接売らなければならないので

多大の労力はかかりますが、小売店頭で8万円で売られていたテントが問屋を外したことで 59,800 円で売れるようになりました。顧客は品質には満足しているので、値下げをせず直販することで店頭価格をお手ごろにしました。

　品ぞろえについても、取り扱い小売店 1,000 店を、フルラインで扱ってくれる 250 店舗に絞り込みました。直接取引をすることによって欠品のない専門店ネットワークを結果的に構築できたのです。店舗数は4分の1に減りましたが、2000 年から売り上げが増加に転じました。2003 年からはスノーピークの直売店をオープンさせました。

　顧客との絆づくりにはその後も力を入れています。2泊3日の「Snow Peak Way」は年6回、全国で開催されています。店頭で顧客と直接話をする時間も大切にしています。直営店は言うに及ばず、店頭に 30 坪ほどのスノーピークコーナーを設けた店舗を増やしていきました。

　店頭での接客を通じて商品の良さや楽しさだけでなく、アウトドアライフの楽しさや個別の顧客への提案ができます。顧客とのキャッチボールを重視して、商品のシーンとベネフィットを伝え、そしてアウトドア文化の楽しさを伝えているのです。

CASE 2

3Kの代名詞だった老人病院が
理想の終の住家に

　以前、青梅慶友病院の大塚宣夫先生の講演を聴く機会がありました。「無」から「有」を生む熱い想いに心を揺さぶられ、早速私の主催する寺子屋塾「アントレプレナー塾」の教材としてケースを書き起こしました。

　——私は年老いた自分の親を安心して託すことができる施設をつくりたかったのです。青梅慶友病院は豊かな最晩年をつくりたい人がこぞって入院待ちする人気の病院です。入院していた患者の家族からの口コミによって人が集まります。

　慶應大学医学部卒業後、趣味の競技スキーで怪我をしてしまい、手術などの立ち仕事は無理であると外科医を断念し、神経医になりました。在学中フランスの給費留学で2年間渡仏。帰国後の1974年に、親友から「痴ほうで寝たきりの祖母を看てくれる病院がなくて困っている。このままでは一家共倒れだ」という話を聞いて、入院先を探すために老人病院を訪ねました。

　初めて見る老人病院でしたが、「暗くて、汚くて、臭い」の3Kにショックを受けました。こんなところに自分の親を入れたくない、それならば自分でつくるしかないと一念発起したわけですが、そのころは無一文。ともかく1,000万円は貯めようと2年間生活費を切り詰め、月の大半は当直のアルバイトをす

ることに。

　ようやく 1,000 万円が貯まり、1977 年元旦から土地探しを始めました。候補地を見つけても、「老人病院を建てる」と言うと態度が一変して断られました。それほど当時は老人病院のイメージが悪かったのです。医者仲間に話しても「お金のためか」と言わんばかりに嫌な顔をされました。

　土地探しに奔走して 1 年半がたったころ、たぎる熱意が偶然の出会いを呼び寄せました。農協の応接室で職員の方と地元の不動産屋さんと 3 人で話していたとき、偶然部屋を間違えて農協の組合長さんが入ってこられました。不動産屋さんと面識があったため紹介してくれました。組合長さんは、「ちょうど使わない 1,000 坪の土地はあるが、病院を建てるなんて考えたこともないから」と出て行かれました。

　翌日ダメ元で組合長さんに電話をし、当直のアルバイトが終わった夜に自宅にお邪魔する約束を無理やり取りつけました。意欲だけはたぎっていたので、3 時間近く老人病院の重要性、将来性を熱く語りました。「君にお金がないことは分かった。医者というものは社会知識に乏しいということも分かった…」。それから、「君の思いを真剣に考えてみよう」と言ってくださったのは 1978 年の 4 月の終わりごろのことです。医師免許があるだけでお金も病院経営の経験もない青年に、立ち上げだけでも 7 億円近くかかる当座資金の調達をしてくださったのです。

　その後、当直のアルバイトで青梅に行くときは、必ず組合長さんの自宅に寄ってご馳走になりながら途中経過の報告をしていきました。あとで組合長さんから言われたのは「気に入った

のはメシの食い方だ。あのメシの食いようは尋常じゃない」と。
組合長は「これだけメシを豪快に食う人だったら、少々の問題
があっても乗り切れるだろう」と思ったそうです——

　1980年、いよいよ青梅慶友病院が147床でスタートしました。青梅慶友病院が取り組んでいたことを簡潔に「価値創造」
に従ってまとめてみます。

①青梅慶友病院での「価値創造」
　大塚先生は暗く・汚く・臭い老人病院しかないのであれば、
「自分の親を安心して預けられる老人病院施設をつくろう」と
強く決意します。まず、徹底的に臭いのしないきれいで明るい
病院を目指しました。また、患者に笑顔になってもらうため、
コンサートや楽しい催し、レストランのようなおいしい食事、
ワインやお酒も無料で飲めるようにしました。つまり、患者に
とっての居心地よい終の住家の病院という「価値創造」をした
のです。

②高齢で人生の最後を迎える顧客の「最大課題」
　病院にとっての顧客は無論患者です。しかし、高齢の患者は
認知症が始まっている場合も多く、日々の介護に疲れた家族が
安心して預けられるようにしなければいけません。
　最初は医療の力で無理やり治療しようとしていたのですが、
それは間違いであるとすぐに気がつきました。痛い思いをさせ
て治療するよりも、「穏やかな看護」「優しい介護」「適度な医

療」の三本柱をバランスよく提供し、患者の尊厳が守られることを心がけるようにしたのです。患者の最大課題である「人間として豊かな最晩年の実現」のため、法定で定められた人数よりはるかに多いスタッフを配置しています。

　また、各病棟には患者を楽しませるための特別予算が毎月各病棟の看護師長に預けられています。落語家を呼んだり、絵画を借りてきたり、季節の花を飾ったりして患者の笑顔を引き出しています。

③病院での「顧客発想」

　大塚先生は徹底的な顧客発想の持ち主です。病院はサービス業であると考え、医者がいて、スタッフがいて、その底辺に患者がいる従来のピラミッドを逆にしようとしました。「患者を笑顔にするためには、職員を幸せにしなければ良いサービスはできない」とも話しています。

　職員への待遇はほかの病院より2割ほど高いようです。その分プロとして仕事に対する要求も3割は高いため、その差である1割はボランティア精神がないと務まりません。職員の質が高く、幸せだからこそ患者も笑顔になれるのでしょう。

　大塚先生は、高齢の患者が喜ぶのは「孫がお見舞いに来てくれること」だと考えます。ホテルのようにきれいなロビーや病室はもちろん、子どもが喜ぶような小さな遊園地を屋上につくったり、気持ちのよい庭をつくるなどの工夫をしました。

④青梅慶友病院での「顧客生涯価値」の向上

　多くの病院は、基本的に大病院や街の医師からの紹介で患者がやってきます。しかし、青梅慶友病院では紹介による来院はほんの数％しかありません。患者のご家族の口コミか、「今度は自分が入りたい」という人で予約の80％以上が埋まります。顧客のための価値創造ができているからこそ、顧客の親族を含めた顧客生涯価値の向上につながっているのです。

⑤病院での「シーンとベネフィット、そしてエンジョイ」

　スタッフがイキイキと働き、患者が笑顔で穏やかに過ごし、家族が安心して預けられるシーンが浮かんできます。

　ベネフィットはいろいろありますが、患者が家族に遠慮をしながら肩身を狭くして生きるのではなく、プロ意識の高いスタッフと居心地のよい居住空間で過ごす贅沢でしょう。患者が思い思いにエンジョイする姿が目に浮かびます。

第 2 章 の ま と め

☑ 顧客価値の創造では、商品やサービスを作る前にその源泉となる顧客が本当に何を望んでいるかを考え抜くことが極めて重要

☑ T・レビット教授いわく、「ドリルが売れたのは人びとがドリルを欲したからではない。穴が欲しかったからである」

☑ 小型電動工具を専門とするヒルティは、従来の販売方式を一新し、必要な工具一式をリースするようにして成功した

☑ 商品を使用したときの使用価値は、それがないと買わない中核価値、買いたいと思う本質価値、それがあると嬉しい不随価値の3つ

☑ 顧客の最大課題を解決できた場合は成功につながる

☑ 基本は商品発想より顧客発想が先

☑ 起業の魔術師スティーブ・ブランクいわく、「スタートアップの当初は顧客開発と商品開発の2つのチームだけで良い」

☑ マーケティングは短期目標達成にばかり目がいくと長期的視点を欠く場合がある。「顧客生涯価値」も重要

☑ 顧客の課題を解決するには、マーケターが顧客の望む価値を実感するとともに顧客にとってのシーンとベネフィットを考え抜くことが大切

第 **3** 章

マーケティング3原則③
顧客満足の仕組み化「How」

顧客
の
特定

価値
創造

顧客満足
の
仕組み化

ブラン
ディング

関係性
構築

シンマーケ

理論3
顧客満足の仕組み化「How」

　いよいよマーケティング3原則の3つ目です。

　マーケティングの基本は、まず「誰に」で「顧客の特定」を して、その特定顧客の声に耳を傾けることです。次に「何を」 で特定顧客のニーズの課題解決に向けて「価値創造」を確定さ せることです。この章では3つ目の「どのように」、具体的に は「顧客満足の仕組み化」です。これでマーケティングの基本 の「Who」「What」「How」がそろいます。

「どのように」を解決する4P理論

「どのように」の中核は、特定顧客のニーズ課題を解決するた めの具体的な「商品づくり」です。いくらいい商品をつくって も、その価値を顧客が知らなければ意味がありません。

　また、いくらの価格で価値提供するかは、企業の最も重要な 意思決定となります。顧客にとっての「価値」に見合う価格が 決まり、商品をターゲットの特定顧客に知ってもらっても、顧 客に商品を購入してもらう流通チャネルやシステムを構築しな ければ商品が顧客に届きません。

　これを解決するマーケティングの要素である「Product（商

品・サービス）」「Price（価格）」「Promotion（広告・販促）」「Place（流通経路）」の英語の頭文字をとったフレームワークが4P理論です。

ニーズに対応する商品を届けるフレームワーク

　商品が顧客のもとまで届いたあとは、その商品を顧客に使ってもらい、満足度を常に確認する必要があります。そのためにはアフターサービスやターゲット顧客との対話、クレーム処理やその情報活用が大切になります。

　要するに、4Pは顧客ニーズに対応する商品を顧客に届けるフレームワークですが、あくまでも手段でしかありません。**目的は顧客に満足してもらい、その商品やほかの商品を買い続けてもらうこと**です。顧客に満足してもらうためには、まず働いている従業員の満足度が高いことが前提になります。

　また4Pはマーケティングの要素に過ぎず、部分最適より全体最適が重要になります。各要素よりさらに上位のマーケティング目標や目的、企業のビジョン、理念、哲学と整合していなければいけません。

　つまり、マーケティングの各要素を担当している組織を超えて、横断的に全社が一丸となれるかどうかで成果が左右されます。

社員満足が上がれば顧客満足も上がる

　次に、少し視点を変えて「ビジネスモデル」について触れます。新規事業を立ち上げたり、混迷する経営状況から脱したり、ベンチャービジネスを新たに立ち上げたり、画期的新商品を出したりする場合は、従来のビジネスのやり方を根本的に改める必要があります。

　経営視点に立って考えるケースも見てみましょう。市場にはいろいろなライバルがいます。市場の中で有利な位置を占めるための「競争優位のマーケティング戦略」についても最後に触れましょう。

社員満足と顧客満足の関係

　社員が満足して仕事をしていると、顧客対応のみならずモノづくりにおいても完成度が高くなり、ミスも少なくなることは容易に想像できるでしょう。逆に、ノルマがきつく残業ばかりで報われない、いわばブラックな職場は一時的に業績が上がるかもしれませんが、顧客視点での満足や継続は難しくなります。

　1985 年、組織心理学者のベンジャミン・シュナイダー（Benjamin Shneider）は 28 の米国の銀行の支店に勤務する行員と顧

客を対象に、1,000人規模の大きな調査を行いました。その結果、銀行のサービスは行員だけでなく顧客にも関係しており、行員満足度と顧客満足度は相互に影響し合う関係にあるということが分かりました。つまり、社員満足が上がれば顧客満足も上がるのです。

事例 経営予算や数字の目標がない六花亭

以前、北海道を代表するマルセイのバターサンドや元祖ホワイトチョコレートのお菓子屋「六花亭」の帯広店を見て回ったことがあります。店舗に併設されたガラス張りの工場は清潔そのもので、一番驚いたのは壁に従業員の写真が掲げてあり、その下に従業員のプロフィールが簡潔に書いてあったことです。出身地や趣味、夢中になっていること、それに担当の仕事などです。

昔、社長がテレビの取材に応じていて、人事について次のように話していました。「人事は異動も含めその人の一生を左右するかもしれないとても大切な判断を伴う。だから人任せにはできない。私がやり、全ての人事の責任を社長の自分が背負う」「本人が異動を強く希望しても、まだその時期ではないときに異動はさせない。心の準備もでき、そろそろと思ったときに異動させる」と。

数百人のプロフィールや、異動の希望とその時期を見極めている社長の本気に脱帽しました。人事は「ひとごと」と書きま

す。世の中には文字通りひとごとの仕事をしている人事部が多い中、数百人の社員を抱えながら社員の情報収集と人事決断を社長自らしているのです。

　六花亭は、十勝の人を雇用し、北海道の主原材料を使っている地元重視の会社です。売上予算をあえてつくっていないにもかかわらず、長年売り上げを伸ばしています。地方で人気の出た店舗は東京に進出することが多いのですが、六花亭は北海道以外一切出ません。

　東京に進出しなかった二代目の小田豊社長の決断は、創業者である父親の豊四郎社長の言葉を思い出したからだそうです。「デキモノと食べ物屋は大きくなったら潰れる」。この言葉を思い出した豊社長は、「売り上げや規模は一切目指さない」という方針を決めました。だからこそ、経営予算や数字の目標がないのです。

　目指すのは、顧客に喜んでいただくこと。つまり「ファンをつくること」です。「愛される会社」であるかどうかが六花亭の経営指針なのです。そのために、常日頃さまざまな社員満足向上に取り組んでいます。

 事例

六花亭の
社員満足を向上させるための取り組み

　社員全員の有休消化20年連続100％は当たり前です。社員が6人以上集まって旅行をしたら、年間1人20万円を上限に7割を会社が負担する制度があります。

「今月の顔」という制度もあり、今月活躍した人が推薦され役員選考で受賞者が選ばれます。受賞者は森の中にある特別施設「六花荘」で檜風呂にゆったりつかった後、役員がホスト役で接待します。この成功体験を目指して社員も頑張ります。

　また、海外での砂漠のボランティア活動など、社員が自分磨きのために興味を持ったことに挑戦できる制度があります。社内公募、書類選考により合格すれば2週間から最長2カ月の公休がもらえます。

　自分を磨くことは視野を広くし、何らかの形で仕事にも結びつくからこそ、このような制度を設けているのでしょう。

　極めつけは、「1人1日情報制度」です。仕事中に気づいたことや自分が経験した日々の出来事を社長に直接メールで送ることができます。そして、社長はその全てのメールに目を通します。そこからピックアップされたものが、翌日の日刊社内新聞に取り上げられます。社長から前向きなコメントをもらえることで、社員満足はもちろん、モチベーションアップにつながります。

　いつでも社長に意見できるという仕組みは画期的です。この仕組みは社長が全社員の動向を把握していることにもつながっているため、社員の人事異動の判断を社長ができるのです。こういう会社で働ける社員はいきいきと仕事に取り組めるでしょうし、満足感も高いでしょう。

事例 　客の好みを蓄積するシステムづくり

　高級旅館「星のや軽井沢」では、お客さまの「好み」を蓄積する情報システムづくりをほかに先駆けて進めました。24時間ルームサービスなど共通メニュー化されたサービスだけでなく、お客さま一人一人に合わせて「気配り」や「おもてなし」をする仕組みに取り組んでいるのです。

　例えば、お客さまが去ったあとに部屋にシャンパンの瓶が残されていたとします。その情報が再度訪れたときに生かされるのです。今度は、あらかじめ部屋にシャンパンクーラーをさりげなく用意しておいたり、タオルを多めに使ったお客さまがいれば、次回はタオルを多めに用意するなど、「気配り」ができる情報システムを作っているのです。

4Pと顧客視点の4Cフレームワーク

　マーケティングのフレームワークの核心である4P理論について解説していきます。

　マーケティング活動をするうえで、さまざまなマーケティング構成要素を最適に組み合わせて実行することを**マーケティング・ミックス**と呼びます。1950年ごろにハーバード・ビジネス・スクールのニール・H・ボーデン（Neil Hopper Borden）教授がマーケティング・ミックスという考え方を提唱しました。

　同じくハーバード・ビジネス・スクールのジェローム・マッカーシー（Jerome McCarthy）教授が、マーケティング・ミックスの具体的フレームワークとして1960年に4Pを唱えました。これはマーケティング・ミックスの4つの構成要素であるProduct、Price、Promotion、Placeの頭文字をとって名づけたものです。

　S・T・Pを通じてターゲット顧客を特定し、その顧客の価値創造を実現するためにマーケティング要素の最適ミックスをつくっていきます。

　実務では、組織間の壁を越えて、顧客価値の創造と提供のために横断的な全社で取り組むことが何より肝心となってきます。個々の組織での論理ではなく、常に顧客視点を忘れないことが

大切なのです。

4P 理論について

○ Product ＝商品戦略

　4つのマーケティング要素の中で中核的な存在が商品戦略です。顧客の声に耳を傾け、要望や不満をどのように商品に取り入れていくかを**顧客とのキャッチボールで検証していく**ことが大切です。その際、前章で述べた**プロダクトライフサイクルのどのステージかを見極めることも必要**となります。

　商品の抜本的変更や新規商品の場合は、顧客インサイトを通じてターゲット顧客の真に求めている顧客価値の検討が大事です。**顧客の商品使用シーンや商品を使った後のベネフィットを考え抜き、そのイメージを具現化できるかが鍵**となります。商品コンセプトと実際の商品品質が顧客視点で整合するかのテストの繰り返しとなります。

　使い勝手だけでなく、使った後の余韻や満足感、ネーミング、見た目のパッケージデザインや形状、商品コピーの一体感と感性もおろそかにできません。陳列されたときに顧客の目にとまるか、売り場で顧客の目にとまったほんの数秒で使用シーンや商品ベネフィットが伝わるか、など細心のチェックが欠かせません。

　また、商品戦略は単体として考えるのではなく、ほかの自社ブランド商品や既存の商品ラインナップ全体として、顧客にと

って魅力的な品ぞろえとなっているかなども考慮する必要があります。

◯ Price ＝価格戦略

商品の価格は制作にかかったコスト、顧客が感じる価値、競合の価格、自社ブランド内での整合性を考慮して決めます。ブランドイメージや戦略的商品の意味づけで価格を決める場合もあります。

初期の大画面カラーテレビなど、高イメージで市場の上層の顧客に向けた市場上澄み高価格政策（スキミング・プライシング）と、一気に市場浸透と拡大を図る導入期の携帯電話など市場浸透低価格政策（ペネトレーション・プライシング）があります。また、流通経路によってはディスカウンターや低価格量販店など値崩れが常態化することもあります。

価格戦略はチャネル戦略とも密接に結びついています。短期的にはプロモーションとの相関関係も大きいです。**値崩れが常態化すると、元に戻すには何倍もの費用と労力がかかります。**

いずれにせよ、**価格は利益の源泉であり、企業が自分で決められる重要な要素**となります。

◯ Promotion ＝広告・販促戦略

いくら商品が素晴らしくても、顧客がそれを知らなければ全く売れません。また、商品を知っていても、その商品の良さが顧客に伝わらなければ顧客は買う気にならないのです。消費者が商品を購買するまでのプロセスを説明する消費行動モデルで、

代表的な2つを以下に書き出します。

① AIDMA の法則
　　Attention：認知
　　Interest：興味
　　Desire：欲求
　　Memory：記憶
　　Action：行動

　商品を認知してもらうため、テレビ広告、新聞・雑誌広告、店頭接触、デジタル広告などが有効です。あとは消費者が口コミやインターネット情報なども含め自分にその商品が必要かを検討します。従来型の消費行動モデルですが、住宅や自動車など高額商品で検討に時間をかける場合は今でも効果があります。

② AISAS の法則
　　Attention：認知
　　Interest：興味
　　Search：検索
　　Action：行動
　　Share：共有

　インターネットの影響を反映した現代型消費行動モデルです。
　いずれにせよ、認知や興味にマス広告は有効ですが、さらに行動に駆り立てるためにはイベント、キャンペーン、口コミ、

SNS情報、催事、店頭での働きかけなどのプロモーション活動が大切となります。

◯ Place ＝流通チャネル戦略

商品の良さが顧客に伝わったとしても、商品が顧客の手元に届かなければ売り上げになりません。つまり、商品を顧客に届けるために、どの流通チャネルを選択するか、ロジスティクス（輸送業務、在庫管理）も含めた流通チャネルの設計が大切になってきます。

チャネルは強力な参入障壁となりますが、環境が変化したり顧客の消費行動が変わったりすると弱みとなる可能性もあります。チャネルを限定にするか、オープンにするかは重要です。

かつて家電製品や化粧品を街の電気屋や化粧品店で買っていた時代は、資生堂やパナソニックなどは強力な系列小売店網を構築して共存共栄していました。しかし、家電量販店やドラッグストアが主流となると、かえって大きな課題となったのです。

新規分野に進出する場合などは、既存のチャネルだけで考えるのではなく新しい独自のチャネルの構築も選択肢に入れることもあります。

◯ 4C について

上記の4Pは、企業側や売り手側から見たマーケティングの要素です。これを顧客視点にしたものが4Cです。1993年、米国ノースカロライナ大学のロバート・F・ラウターボーン（Robert F.Lauterborn）教授によって唱えられました。今では

むしろ4Cフレームで考えてから企業視点の4Pで読み換えるのがよいとされています。

- Customer Value ＝顧客にとっての価値
  商品やサービスは顧客のどんな問題を解決するのか
- Customer Cost ＝顧客にかかるコスト
  顧客にとって節約できる金額や時間がどれだけあるか
- Communication ＝顧客にとってのコミュニケーション
  顧客がその商品・サービスの良さをどのように知り、またクレーム対応をどのようにして顧客満足を高めているか
- Convenience ＝顧客にとっての利便性
  営業日や営業時間、営業ロケーション、注文の方法、問い合わせ先と対応、サービスなどが顧客視点に立って利便性が高いか

サービス業界では、前述の4Pに加え「People」「Process」「Physical Evidence」を加え7Pと呼ぶことがあります。

◯ People ＝サービス・スタッフ

サービス業では特にソフトが大事な要素です。スタッフの心構えや接客方法、対応次第で顧客満足が変わります。例えば、大学教育で同じキャンパスと同じテキストでも、教える先生によって教育効果が変わることからも人の重要性が分かります。

また、ファストフードなどでは標準化にしっかり取り組むことが必要になります。

○ Process ＝サービス手順

「サービスをどのような手順で行うか」もサービスマーケティングでは大切な要素になります。例えば、米国は車社会なので地方のハンバーガーショップでは注文して車で待つというのが一般的でした。そのため、オーダーミスや長く待たされるという不満が客にはいつもありましたが、これを解消したのが、標準化したマクドナルドの調理手順と接客方法です。

人や設備の稼働率を高めたり、需要と供給のバランスをとったりするうえでも、サービス業ではプロセスが重要な要素となります。

○ Physical Evidence ＝目に見える建物や設備

サービスは大半が無形ですが、目に見える建物、設備、内装などの外見から判断できるものも大切です。レストランやホテルでは、スタッフの数、エントランスでの印象、建物や設備の豪華さや雰囲気もターゲット顧客に応じて変わってきます。

事例　地元老舗メーカーからの挑戦「茅乃舎」ブランド

それでは、マーケティングミックスの事例を取り上げて解説します。創業130年の福岡の老舗醸造メーカー、久原本家グループの核ブランドである茅乃舎。醤油、たれ、スープ、ドレッシングなどの加工調味料に力を入れている会社です。

久原本家は辺鄙な山里の久原村（現福岡県糟屋郡久山町）で小さな醤油醸造業を開業しました。当主が仕事を継いだときは

従業員数は6名で、自分のブランドが表に出ない製造委託を任されたOEMメーカー（他社ブランドの製品を製造する会社）でした。1人の従業員がつぶやいた「この仕事は下請けだから、いつまで続きますかね」という言葉に当時の河邉社長はショックを受けます。

　1990年、自社ブランド椒房庵を立ち上げ博多辛子明太子を発売します。椒房庵とは、古い中国の皇后の住まいのことです。明太子の国内生産のピークは1995年で、ライフサイクルではもう成熟期であり、博多明太子としては最後発だったため思ったようには売れませんでした。

　ここで、多くの場合は売り上げ拡大のためにプロモーションを強化したり、コストカットして価格を下げることに方向転換したりしますが、逆により高い品質を求めて、遠方のたらこから思い切って北海道近海の新子に切り替えました。

　久原本家の商品戦略の基本は、「お客さまの期待を超え、感動するほどおいしい本物のモノづくり」です。信念は「モノ言わぬモノにモノ言わすモノづくり」。だからこそ、「利益が出たら、さらなる味の向上のために投資します。これでいいと満足することはありません」と言えるのです。

　椒房庵の博多明太子事業は9年間赤字を出し続けました。しかし、口コミが広がりマスコミで取り上げられるようになり、10年目でやっと黒字となりました。

　コストをかけても本物にこだわる商品づくりは、長い目で見ると顧客のハートをしっかりとらえていきます。四半期決算に

追われる昨今、目先の利益で一喜一憂しない久原本家グループトップの哲学には感心させられます。

　マーケティングは有用なツールではありますが、最初にトップのマーケティング・フィロソフィーありきなのだと痛感します。

事例 ▶ 　　　　　**圧巻の流通チャネル戦略**

　1996年、河邉哲司氏が4代目社長に就任します。

　社長が欧州視察に出かけ、イタリアのスローフード運動にいたく感激して帰国します。手間ひまかけたおいしい日本の食を次世代に残したいという思いから、山奥に「御料理　茅乃舎」を開業します。地元の食材を守り、食文化を次世代に伝える舞台として、80トンもの茅を使い、今は少なくなった茅葺き職人が腕を振るった茅葺き屋根のレストランです。

　農業法人美田を設立するなど、日本の食文化に対して本気であることがうかがえます。そこから生まれた商品が、化学調味料・保存料無添加、国内産焼きあご、かつお節、うるめいわし、真昆布、海塩を使った天然だしパックの「茅乃舎だし」です。

　このチャネル戦略は直販店での販売のみで、価格がコントロールできない一般の小売店には卸していません。

　久原本店グループの価格戦略も軸がぶれません。2010年には六本木ミッドタウンにオシャレで調理スペースも完備した茅乃

舎の大型店舗を出店し話題となりました。口コミが広がり、ま
たマスコミが取り上げ一気に全国ブランドとなりました。

　素材にこだわり手間ひまかけて作っているため、価格は決し
て安くありません。販売も決して値引きはしません。今では直
販店が福岡空港や首都圏の百貨店、コレド日本橋など 22 店舗
となりました。通販サイトも充実しています。

　プロモーション戦略も、原材料にはお金をかけますがマス広
告のテレビ広告などは打ちません。店舗での全茅乃舎ブランド
の試飲や試食でおいしさを経験してもらい、パブリシティや口
コミや SNS がファン拡大に一役買っています。
　茅乃舎ブランドにとって、お店は顧客に体感してもらう一大
装置なのでしょう。

利益ポイントと
ビジネスモデルを考える

　マーケティングの基本は市場をよく観察し、「誰に」、「何を」、「どうやって」を、4Pのフレームワークを使って顧客満足視点で仕組み化するものです。

　これらは、既存の組織と経営資源を顧客志向でうまく組み合わせてマーケティング目標を達成する有効な手段です。しかし、時としてさらに大きな視野で変革を必要とする場合があります。

　例えば、市場構造の変化により収益が相対的に下がってきた場合や、新規分野で新しい事業を起こす場合、あるいは起業家が新たなベンチャービジネスを起こす場合などです。

　これらの場合もマーケティング思考は必修ですが、さらに大きくダイナミックな経営学の視点でビジネスモデルを考えることが有効です。

ビジネスモデルについて

　ビジネスモデルの定義は決まったものがありませんが、21世紀に入ってから研究者たちも先行する実業界を追いつき追い越すようになってきました。

　21世紀初頭の先駆的名著としては、エイドリアン・J・スライウォッツキー（Adrian J.Slywotzky）の『ザ・プロフィット』

（ダイヤモンド社）があります。

　多国籍企業に勤める若者に、利益を生み出す仕組みを知り尽くした老人が毎週土曜日の朝に利益モデルを合計 23 パターン教えるという今では古典ともいえる利益モデルの物語です。当時この本を初めて読んだときは私も衝撃を受けたものです。

　さらに、Amazon や Apple などの IT を駆使した企業の急成長でビジネスモデルが脚光を浴びます。無料で顧客を急激に集めるビジネスモデル「フリー」やデジタルの世界で長い尻尾で儲ける Amazon などの「ロングテール」などが有名でしょう。

　理論の世界では、マーク・ジョンソン（Mark Johnson）、イノベーション理論のクレイトン・クリステンセン（Clayton M. Christensen）、ヘニング・カガーマン（Henning Kagermann）が 2008 年に発表した「4 つの箱のビジネスモデル」があります。
　これはビジネスモデルとそれらを構成する要素の相互関係を論じたものです。具体的な 4 つの箱は、「顧客価値提案」「利益方程式」「重要なプロセス」「重要な経営資源」です。

　また、マーク・ジョンソンは顧客・商品のマーケティングの考えにビジネスモデルを組み合わせて「ホワイトスペース」という考え方を示しました。ホワイトスペースとは市場の空白地帯のことです。

既存のビジネスモデル×従来の顧客・商品＝コア・スペース

既存のビジネスモデル×新しい顧客・商品＝隣接スペース
新しいビジネスモデル×従来の顧客・商品＝アナザースペース
新しいビジネスモデル×新しい顧客・商品＝ホワイトスペース

2010年にはアレックス・オスターワルダー（Alex Osterwalder）らは4つの箱をさらに細分化して、9つのブロックに分けた見える化できるテンプレートを開発しました（「ビジネスモデル・ジェネレーション」）。

9つのブロックは、「キーパートナー」「主な活動」「価値提案」「顧客との関係」「顧客セグメント」「主なリソース」「チャネル」「顧客セグメント」「コスト構造」「収入の流れ」です。

これら9つのブロックに分かれたテンプレート（ビジネスモデルキャンバス）を使って複雑なビジネスモデルを可視化します。新ビジネスを創造したい起業家やマーケターなどの実務家には、『図解ビジネスモデル・ジェネレーションワークショップ』（今津美樹／翔泳社）がおすすめです。

どこで利益を稼ぐ？

実践的にビジネスモデルを考えるには、2章で取り上げた「顧客価値の創造」と「利益モデル」が2本柱となります。次に経営資源を含めた「業務プロセス」です。ここではどこで利益を稼ぐかの「利益ポイント」について触れます。この利益ポイントで有名なビジネスモデルがジレットモデルです。

ジレットモデルとは、カミソリ本体をできる限り安く設定し

て普及させ、替え刃で利益を上げるビジネスモデルです。初期の携帯電話も本体の携帯を安くし、その後の通話料で儲けるモデルです。

パソコンのプリンターもカラーインクで継続的な利益を得ます。最初の本体を低価格にして、付属品や消耗品、あるいは保守点検サービスで継続的利益を得るビジネスモデルです。

さらにこれを進めたのがフリーモデルです。最初は無料で顧客を誘引し、後に有償のビジネスに誘導して儲けるビジネスモデルです。カルディコーヒーファームの店頭で無料コーヒーを試飲させ、それを飲み終わるまで店内に顧客を滞留させ購買行動に結びつけるフリーモデルの変形であるといえます。

いまはやりのサブスク（サブスクリプション）も月や年単位で定額の料金を払えば、いろいろな商品やサービスを受けられるものです。商品を「所有」するのではなく、一定期間「利用」する新しいビジネスモデルです。

事例 　中国による低価格メーカーの大量参入

マッキンゼーの本社取締役を務めた大前研一氏は、著書『大前研一「ビジネスモデル」の教科書』（ビジネス・ブレークスルー大学総合研究所）の中で、「環境変化に伴い利益が急激に悪化した島精機製作所」をケースとして取り上げ、どうしたら中国メーカーに勝てるかを論じています。詳しく解説します。

島精機は、和歌山に本社を置くニットウエアを編むコンピ

ュ一ター制御の編み機の世界のトップシェア機械メーカーです。売り上げの3／4は普及型の横編み機。オンリーワン商品としてどこもまねできない無縫製で立体的に編み上げる「ホールガーメント横編機」はデザイン性も良く世界的に高く評価されています。設計から製造までのオールインワンの生産システムを構築する事業も展開し、売り上げは全体の7.5％です。

2006年ごろから中国メーカーの普遍機が低価格で参入してきました。売り上げは変わらないものの2009年以降大幅減益となっています。2007年の純利益は100億円でしたが、2009年は最終赤字に転落しました。

営業利益率の推移を見てみると、それまで10％台後半を維持していたのが、2010年以降は7％台に急落しています。低価格の中国製ニットウエア機が大量生産されているためと思われます。かつて6割を超えていたシェアが2割程度に後退していきます。

中国メーカーの台頭により、横編み機の平均単価600万円が半額になったことで利益率も悪化しました。島精機は国内100％の一貫体制で、機械の部品もブラックボックスにするため内製率は75％です。低価格機の中国にシェアを奪われ、今までの強みの源泉であった国内一貫生産体制は、高コスト体質という弱みに転換してしまいました。

あなたが島精機のCEOだったならば、どのような戦略で21世紀のエクセレントカンパニーを目指すかと大前研一氏は投げかけています。考えてみてください。

詳しくは『大前研一「ビジネスモデル」の教科書』を読んで

もらいたいのですが、結論の骨子をいいます。まさに環境激変で今までトップの源泉であったビジネスモデルが通用しなくなったケースです。

　問題を整理しますと、圧倒的な横編み機の世界的トップメーカーであった島精機が、2009年以降中国による低価格メーカーの大量参入でシェアの低下と単価の下落を招き、収益性が悪化しました。コスト構造を見直す必要がありますが、国内製造100％、部品内製率75％で、今までの強みであった生産体制がコスト削減を困難にしています。

　課題は「高付加価値分野の強化」と「コスト競争力の立て直し」。この2つによって収益力を回復しなければいけません。

● 解決方法1

　オンリーワン商品ホールガーメント横編機を核にしたビジネスモデルの変革→機械販売モデルから利用料徴収モデルへのシフト

　具体的には、すでに島精機が行っている直営店でのニット製品の製造工程部分を開放し、著名デザイナーや高級アパレルブランド、アパレルメーカー、高級志向の一般顧客から直接注文を受け、設備の利用料を支払ってもらう方法です。これは高価な機械を購入する必要もなく、使いたいときに使った分だけ利用料を払うことで高品質の商品を確保できます。

　島精機側にとっても、受注の予測コントロールで無駄のない稼働率を確保できます。併せて、機械の在庫や売り上げ変動リ

スクを回避できます。第1章で、リヒテンシュタインの業務用世界的工具メーカーが、工具の販売モデルを整備された工具のリースモデルに移行して成功した事例を取り上げました。これらは変動リスクが大きい従来の販売モデルの革新です。

● 解決方法2
　普及機については中国有力メーカーとの連携を検討し、コスト競争力の強化を図る

　コクヨは、中国市場ではコピー商品に悩んでいました。2011年中国ノートメーカーの最大手を買収し、コスト競争力を強化しました。同様に、ホンダも中国メーカーを味方につけ価格競争力を強化しました。
　要するに、普遍機についての生産は中国がいいのか検討し、東南アジアのどこかで生産してコスト競争力を強化するのは生き残るためには必要であるということです。

　他社がまねできない高付加価値機については、機械の販売モデルをやめ、世界の優良顧客からの最終商品加工の直接受注で利用料徴収モデルに変更する。
　普遍機については、国内生産をやめ中国の機械メーカーとの連携でコスト競争力をつけることが大前氏の出した答えです。
　ビジネスモデルは重要な考えですが、話し出したら切りがないくらい奥深いため、次の項目に移ります。

競争優位のマーケティング戦略

　ブルー・オーシャン市場をつくり出す場合は別にして、既存の市場でビジネスをする場合は多かれ少なかれライバルがいます。今はいなくてもいずれ出てきます。そのようなライバルがいる市場でどのようなマーケティング戦略をとればいいかを解説します。

マイケル・ポーターの考え方

　まずは、競争戦略の大御所マイケル・ポーター（Michael Porter）教授の考え方から見ていきましょう。30代の若さでハーバード大学経営大学院の教授となり、1980年に今なお戦略論のバイブルといわれる『競争の戦略』を著しました。彼は国や業種が違っても、市場の競争環境は5つの競争要因によって分析できるとしました。これが有名な「ファイブフォース分析」です。業界の競争環境を分析するフレームワークは次の5つです。

　①新規参入の脅威
　②業界内の競合他社
　③代替品の脅威

④売り手の交渉力
⑤買い手の交渉力

　また『競争の戦略』の中で、持続的に競争優位になる活動を構築する方法として企業の活動を価値創造の連鎖として捉え、「バリュー・チェーン（価値連鎖）」を唱えました。
　最初の著作『競争の戦略』で主張したマイケル・ポーターの3つの基本戦略は次の通りです。企業が身を置く場所によってとられる基本戦略は変わるとしています。

①コスト・リーダーシップ戦略
　業界一の低コストを実現することで、競合他社よりも低価格で商品・サービスを提供する経営戦略です。そのためには売り上げを多くして1個当たりの固定費を下げる「規模の経済」や、経験を蓄積して効率よくつくる「経験曲線」がポイントとなります。
　大手コンビニエンスはどんどん中小を吸収し、今では大手3社のシェアは9割となっています。

②差別化戦略
　顧客の特定ニーズに対応し、独自性を打ち出してより高く売れるようにする戦略です。ひと言でいえば、顧客ニーズに応えて価値を高める差別化戦略です。基本は商品による差別化ですが、チャネルによる差別化、スタッフによる差別化、イメージによる差別化など組み合わせる必要があります。

コンビニでいえば、「セブン - イレブン」の金シリーズである「金の食パン」なども商品による差別化戦略です。

③集中化戦略

特定の地域や顧客に狭く限定し、経営資源を集中する戦略です。例えば、「セイコーマート」は北海道のコンビニ業界のシェア1位です。北海道の地域ニーズに特化し、北海道で勝つために北海道から出ない戦略を徹底しています。

ポーターは、その後1996年に出した論文『戦略とは何か』でこの3つの基本戦略を若干修正しています。

「戦略競争の本質は差別化である。つまり意図的にライバルとは異なる一連の活動を選び、独自の価値を提供することである」「戦略とは、他社と異なる活動を伴った、独自性のある価値あるポジションを作り出すことである」としています。(『競争戦略論1』マイケル・ポーター著／ダイヤモンド社)

つまり、競争戦略の本質は差別化にたどり着くということです。

フィリップ・コトラーの考え方

次に、マーケティング界の大御所フィリップ・コトラー(Philip Kotler)教授の競争地位別マーケティング戦略を見てみます。コトラー教授は経営資源の質と経営資源の量のマトリックスで、市場地位別戦略を4つに分類しました。

①マーケット・リーダー

②マーケット・チャレンジャー

③マーケット・ニッチャー

④マーケット・フォロワー

マーケティング戦略

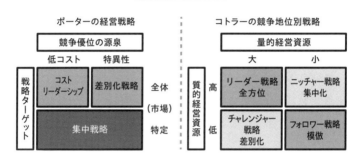

「市場の分析、顧客の洞察をしたうえでマーケティング戦略が成功しても、競合他社にすぐまねされてしまうのではないか?」という疑問が出てくることもあるでしょう。この疑問に対して、コトラー教授は次のように答えています。

「成功したこれらの新しい戦略はたちまちまねされ、当たり前になってしまうのではないだろうか。確かにその通りである。(中略)だが、新しい戦略の一部分をまねすることと、その戦略全体を模倣することは、まったく別問題である。偉大な戦略というものは、容易にまねできない多くの強力な活動をもとにした独自の組み合わせから構成されている」(『コトラーの戦略

的マーケティング』フィリップ・コトラー著／ダイヤモンド社)

 吉野家とすき家の戦略の違い

　私が学生時代のころ、牛丼といえば「吉野家」でした。なぜこんなに何度も通いたくなるのか興味を持ち、当時吉野家で使われていた冷凍牛肉の小売りを購入し、家で味の研究をしたほどです。築地にある吉野家1号店にも足を運んだこともありました。

　吉野家は牛丼メニューに特化する集中化戦略で成長してきた牛丼トップチェーンです。駅前出店と店舗のオペレーションの効率化で低コスト化を実現し、トップを維持してきました。

　1958年からの吉野家のキャッチコピーは、築地発祥を生かして「はやい、うまい」、1968年からは「はやい、うまい、やすい」、2001年からは「うまい、やすい、はやい」と変化してきました。

　しかし、いつしか牛丼トップの座を「すき家」に明け渡していました。1982年創業のすき家は、多彩なレストラン事業や食材加工システムの開発をする「ゼンショー」が運営する牛丼チェーンです。ゼンショーは買収も視野に、次々と外食チェーンを多角化・大規模化してきました。

　牛肉を取り巻く環境は2004年初頭に一変します。英国で発生した狂牛病（BSE 牛海綿状脳症）問題が米国に飛び火した

のです。

　対応する形として、味の面から米国産の牛肉にこだわる吉野家は牛丼の販売を3年間停止しました。

　これに反し、牛肉の供給先を狂牛病のない豪州産に切り替え牛丼の販売をいち早く再開したゼンショーが大きくシェアを伸ばしました。また、ゼンショーは21世紀に入ってからファストフードの「ウェンディーズ」やファミリーレストランの「ココス」を傘下に収め、さらに郊外を中心にすき家の出店を加速させていました。2005年にはなか卯を子会社化して業界2位に躍進しました。

　マーケティングでは吉野家と異なるファミリー層向けのメニューを充実させ、**吉野家とのポジショニングの違いを明確にしました**。さらに2009年から他社に先駆けて再び牛丼を280円に値下げし、低価格競争で吉野家からトップの座を奪い取りました。

　この低価格を実現できたのは、グループ全体の調達力強化による低コスト化の実現、工場の新設による生産力強化、グループ各社との相互関係を利用した物流体制の構築が大きく寄与しました。まさに絵に描いたようなコスト・リーダーシップ戦略を実行したのです。

事例　寿司屋がとった究極の差別化戦略

江戸時代末期、酢飯に江戸前の具を載せた握り寿司が屋台で

登場し、瞬く間に寿司屋台が市中にあふれ江戸の一大ブームになりました。これが江戸前寿司です。関東大震災で寿司職人が全国に離散し、江戸前寿司が全国に広がったといわれています。

　ところで、現在全国に寿司屋は何軒あると思いますか？　正解は約22,000軒です。人口当たり1位は山梨、2位石川、3位東京となっています。

　そんな中で、究極の差別化戦略をとった寿司屋があります。それが「鮨 裕禅（すしゆうぜん）」です。店主の堀勇一さんは若いころに有名店で修業し、地元茅ヶ崎で同店を開業。全国から寿司好きが集まる店となりました。

　開店のきっかけとして、堀さんがひいきの顧客の別荘に誘われたのが2016年のこと。志摩 賢島（かしこじま）の伊勢海老や鮑などその新鮮な魚貝類の味に魅せられたのです。

「目の前にある海から獲れた鮮魚を、お客さまの前で握って提供したい」という夢は茅ケ崎に戻ってからもどんどん膨らむばかり。そしてとうとう、茅ケ崎の店を息子たちに任せ、志摩に移住することにしました。

　しかし、大きな壁にぶち当たります。朝自分で獲ってきた魚貝類をそのまま握りたいのですが、それには漁協を通さなければなりません。結局、漁協に入り漁業の修行をしました。

　場所はお店も交通手段も何もない賢島からすぐの離島です。無論、観光船も定期船もありません。お店にはヘリポートを併設し、**首都圏からヘリコプターで行く究極の寿司屋**がオープンしました。寿司代も高価ですが、人数が少なければ交通代がそ

の 10 倍近くもするのです。

　さて、このお店の顧客は果たして誰になるのでしょうか。提供価値はヘリコプターで東京から 90 分で行く 1 日 1 組限定の宿です。あなたならばどのように考えますか？

　堀さんは、ビジネスモデルを考え会員制の寿司屋にしたのです。宿泊施設もないため 1 日 1 組にし、会員数も限定します。ヘリコプター会社と提携して、東京を 10 時に出れば昼前に離島に到着できるようにします。伊勢神宮にお参りしてから来ることもできます。

　売り出し会員価格は 250 万円ほどでしたが、完売しました。物好きのお金持ちだけでなく、海外の VIP の日帰り接待としても利用されたのです。

　そしてある日、急に店を閉めました。理由はヘリコプターで送迎する離島の鮨オーベルジュ「MOKU」として海を見下ろす宿を併設するためです。ロイヤルスイート 1 室 4 名、価格は 50 万円。堀さんが獲ってきた魚貝類を生け簀に入れ、お客の目の前で握る究極の江戸前寿司。すでに予約の取れない店になっているようです。

熱海大復活の舞台裏
仕掛け人市来広一郎の「HOW」

　熱海といえば「衰退観光地」の代名詞となっていました。1960年代半ばまで年間500万人の宿泊客がいました。それがバブル崩壊以後急速に落ち込み、2006年には熱海市が財政危機宣言を発出、2011年にはピーク時の半分の246万人まで落ち込んだのです。それが今、Ｖ字回復を遂げつつあります。

　熱海復活の仕掛け人の1人、熱海の街づくりを仕掛けている「machimori」代表取締役の市来広一郎氏の熱海大復活の「How」を書き下ろしてみましょう。

　今の新生熱海は週末ともなれば、熱海銀座は若い女性たちのグループやカップル、家族連れ、若者たちであふれかえっています。楽天トラベルの温泉地ランキングで1位を獲得するようになりました。

　その仕掛人である市来氏は1979年生まれの熱海っ子。保養所を運営する両親のもと、熱海の絶頂期の賑わいを肌で感じながら少年期を過ごしました。中学のころからバブル崩壊とともに衰退していく熱海の姿を見てきました。高校のころから熱海をなんとかしたいと友人に語っていたそうです。20歳のときにご両親の管理する保養所は閉鎖となりました。東京都立大の大学院を出て世界をバックパッカーとして見て回りました。帰国

後、東京でコンサルタントになりましたが、熱海への想いから2007年にUターン。ゼロから熱海の再生に取りかかります。

　まずはリサーチと分析、そして仮説構築。なぜ熱海が衰退しているのかを解明するため、自分の足と耳でいろいろな人に聞いて回ります。その中で、地元の観光協会の人から衝撃的な話を聞きます。

　熱海に遊びに来た1人の女性客が駅を降りてどこへ行こうか駅前の商店街のお店で尋ねました。「熱海でおすすめの場所はありますか」と。すると、お店の人は困った顔をして「熱海には何もないよ」とそっけない返答。タクシーを捕まえてまた同じ質問をしてみると、驚くことにまた同じ答えが返ってきたのです。宿でも、答えは「困りましたねぇ。熱海には何もないのですよ」。

　やるかたなく「この街はどうなっているの」と観光協会に駆け込んでクレームを入れたのでした。

　市来氏はまず、熱海の魅力を見つけることから始めました。実際に足を運んで聞いてみると魅力的な話がそこかしこに転がっていました。世界を見た経験により、新鮮な視点から熱海を見られることも助けとなりました。

　世界遺産になっているアドリア海の真珠といわれるクロアチアの海岸沿いの街に行ったとき「熱海とあまり変わらないじゃん」と熱海のすごさを実感しました。そこで、熱海に足りないものは「街への誇り」なのではないかと市来氏は仮説を立てました。

熱海は 1300 年の歴史や恵まれた自然環境があり、多くの文豪も好んで来ているのです。魅力のある場所なのに、ネガティブな考えが蔓延していたのではないかと市来氏は考えました。「地元の人の意識から変えないと何も変わらない」と、地元の人が気づいていない街の価値を再発見することから始めました。

　例えば、昔ながらの風格のある喫茶店の看板「ボンネット」。店内もまさに昭和レトロの世界が広がり、マスターは御年 94 歳。三島由紀夫がお忍びで来ていたという話や、高倉健がここのコーヒーの味を気に入り、お付きの人にここのコーヒーを魔法瓶に入れさせたというエピソードなどもあります。

　街全体を魅力的にする第一歩は、街の人に地元を知ってもらい、地元に自信を持ってもらうことからでした。そして、地元だから気づかない魅力を SNS で発信するようになりました。

　2009 年に街づくりを手がける NPO 法人 atamista を設立。地元の人たちや移住者、別荘に住んでいる人たち向けの熱海のまち歩き & 体験プログラム「熱海温泉玉手箱」（通称：オンたま）をスタートしました。そのために市来氏は仲間と一緒に普段は気づかなかった熱海の良さを外部視点で探し回りました。

　例えば、老舗の和菓子屋で少し敷居が高いと感じるお店のおいしくて手ごろな和菓子を紹介したり、奈良時代から続く干物屋での干物体験、熱海の海でのカヤック教室など 2011 年までにオンたま企画は 200 回を超えました。

　その効果は大きく、地元の人が地元の魅力を熱海に来た人たちに進んで語ってくれるようになりました。この民間の活動と

ともに、熱海市も街の復興と観光需要回復に向けた取り組みを強化してくれて、宿泊者数は 2012 年から徐々に V 字回復していきます。

　市来氏にとってのターゲット顧客は、単なる一見の観光客ではなく、リピートしてくれる 20 代から 30 代の若者でした。地域の観光振興で最近いわれている関係人口に近いものでした。

　熱海で魅力を何度も体験してもらい、東京に住みサードプレイスとして熱海に来てくれる人、さらには熱海に移住してくれる人、できれば熱海で起業してくれる起業家やクリエイターを探しました。

　市来氏は「100 万人が 1 回訪れる観光地ではなく、1 万人が 100 回訪れる街にする」と明確なターゲット目標があります。インバウンドに頼るのではなく、関係人口を重視しています。確かに 2016 年のデータではインバウンドは箱根の 10 分の 1 でした。インバウンドを軽視するわけではなく、優先順位が高くなかったのです。

　そこから市来氏は次々と仕掛けます。基本戦略は狭いエリアに絞り、持てるものを全て投入する**集中化戦略**でした。目をつけたのはシャッター通りと化した駅前の熱海銀座商店街の 180m でした。熱海銀座でアロマイベントや熱海マルシェなど活気がある企画も仕掛けました。

　2011 年には、ビジネスとして街づくりを加速させるため株式会社 machimori を設立します。まず核となるハードとして古

いビルの１階をリノベーションして「CAFE RoCA」を立ち上げました。誰もが気軽に立ち寄れるサードプレイスとしての拠点でした。

　その後2017年に「シェア店舗 RoCA」へと形態を進化させ、オシャレなカフェバーとイタリアンジェラート専門店をオープンさせました。

　もう一つの拠点として、宿泊者と街をつなぐゲストハウス「Maruya」をその向かいにつくりました。気軽に何泊もできるようにするため、１泊4,000円の和風カプセルタイプです。シャワーのみで温泉はないため、地元価格で入れる地元の共同浴場「山田湯」を紹介しているようです。

　朝食は、商店街の干物屋で好きな魚を買ってきて店のバーベキューグリルを使い自分で焼いて食べます。エントランススペースは、お客さんと地元の人が集まって情報交換したり、飲んでワイワイするコミュニケーションスペースに変身します。

　また、第２のゲストハウスとしてカップルや家族も利用しやすい新しい個室の「ホテル　ロマンス座カド」もクラウドファンディングで建設中です。

　これらは宿泊客は宿に閉じこもるのではなく、街を回って結果として街にお金を循環させる起点になっているということ。ここでいろいろなつながりが生まれ、週末に東京から何度もやってくるリピーターが増えているのです。

　人気の「熱海プリン」２号店を、「インスタ映えのする楽しい風呂屋」をコンセプトに熱海銀座に誘致したりして、今ではシ

ャッター通りだった銀座商店街が人々であふれる活気を取り戻しています。熱海で開業したい人のための起業塾、自分の仕事場として使えるコワーキングスペース「naedoko」など外部の人々と熱海との接点となる「場」を提供し続けています。

さらに、熱海に移住したい人のために関連会社「マチモリ不動産」では空き家と熱海に住みたい人とのマッチング・リノベーション・ビジネスもやっています。

熱海で生まれ、最盛期と衰退を肌で感じて育った仕掛け人の市来氏の強い想いは「熱海の街を時間がかかっても復活させること」でした。そのための課題は「地元の人の意識を変えること」。これはいわば**地元の人の社員満足を高めることと同じ**でした。地元の人が笑顔であれば、街の魅力が復活します。

ターゲット顧客は何度も熱海に来てくれる人です。それらの顧客が満足する仕組みを徐々につくっていきます。今では観光客だけでなく、熱海で開業する人や、起業する人、東京と熱海の二拠点で職住する人が少しずつ増えています。

市来氏は、一度衰退したからこそ観光だけには頼ろうとしません。熱海の魅力を磨き、ファンを増やし、いろいろなことで熱海と関わる人を増やしながら、焦らず5年、15年先を見据えて街の魅力づくりの仕組みを整えています。成功の鍵は「じっくり時間をかけて、楽しんで顧客満足の仕組みを創る」ことなのかもしれません。

第 3 章 の ま と め

☑ 4P は商品、価格、広告と販促、流通経路の英語の頭文字をとったもの。4 P を顧客視点で言い換えたものが 4C

☑ 顧客満足を上げるにはまず社員満足が大切。社員が満足して仕事をしていると顧客対応のみならずモノ作りでも完成度が高くなる

☑ S・T・Pフレームでターゲット顧客を特定し、顧客の価値創造を実現するためにマーケティング要素の最適ミックスを目指す

☑ 4P を駆使した「商品戦略」「価格戦略」「広告・販促戦略」「流通経路戦略」を全体最適を考慮して策定し実施する

☑ コトラー教授によると、サービス業界では 4P に加え People、Process、Physical Evidence を加えて 7P となる

☑ 消費者行動理論としては、認知、興味、欲求、記憶、行動の英語の頭文字をとった「AIDMA の法則」が有名

☑ 環境が激変しているときは、ダイナミックな経営学の視点で利益ポイントとビジネスモデルを考えることも有効

☑ 競争優位にするためのマーケティング戦略には、①コスト・リーダシップ戦略、②差別化戦略、③集中化戦略がある

郵 便 は が き

１０３-８７９０

953

中央区日本橋小伝馬町15-18
EDGE小伝馬町ビル9階

総合法令出版株式会社 行

本書のご購入、ご愛読ありがとうございました。
今後の出版企画の参考とさせていただきますので、
ぜひご意見をお聞かせください。

フリガナ		性別	年齢
お名前		男・女	歳

ご住所 〒			
TEL　　（　　　）			

ご職業	1.学生　2.会社員・公務員　3.会社・団体役員　4.教員　5.自営業
	6.主婦　7.無職　8.その他（　　　　　　　　　　　　　　　　）

メールアドレスを記載下さった方から、毎月5名様に書籍1冊プレゼント！

新刊やイベントの情報などをお知らせする場合に使用させていただきます。

※書籍プレゼントご希望の方は、下記にメールアドレスと希望ジャンルをご記入ください。書籍へのご応募は
1度限り、発送にはお時間をいただく場合がございます。結果は発送をもってかえさせていただきます。

希望ジャンル：☑ 自己啓発　　☑ ビジネス　　☑ スピリチュアル　　☑ 実用

E-MAILアドレス　※携帯電話のメールアドレスには対応しておりません。

■お買い求めいただいた本のタイトル

■お買い求めいただいた書店名

(　　　　　　　　　　　　　　)市区町村 (　　　　　　　　　　　　)書店

■この本を最初に何でお知りになりましたか

☐ 書店で実物を見て　☐ 雑誌で見て(雑誌名　　　　　　　　　　　)
☐ 新聞で見て(　　　　　　　　新聞)　☐ 家族や友人にすすめられて
総合法令出版の(☐ HP、☐ Facebook、☐ Twitter、☐ Instagram)を見て
☐ その他(　　　　　　　　　　　　　　　　　　　　　　　　　　　)

■お買い求めいただいた動機は何ですか(複数回答も可)

☐ この著者の作品が好きだから　☐ 興味のあるテーマだったから
☐ タイトルに惹かれて　☐ 表紙に惹かれて　☐ 帯の文章に惹かれて
☐ その他(　　　　　　　　　　　　　　　　　　　　　　　　　　　)

■この本について感想をお聞かせください

(表紙・本文デザイン、タイトル、価格、内容など)

(掲載される場合のペンネーム:　　　　　　　　　　　)

■最近、お読みになった本で面白かったものは何ですか?

■最近気になっているテーマ・著者、ご意見があればお書きください

ご協力ありがとうございました。いただいたご感想を匿名で広告等に掲載させていただくことがございます。匿名での使用も希望されない場合はチェックをお願いします☑
いただいた情報を、上記の目的以外に使用することはありません。

第 4 章

横串原理①
ブランディング「Branding」

顧客
の
特定

価値
創造

顧客満足
の
仕組み化

ブラン
ディング

関係性
構築

シンマーケ

理論4
ブランディング 「Branding」

　今では当たり前のようになっていますが、ブランドという考え方がマーケティングに取り入れられ、体系化されたのは最近のことです。言葉自体は散見的に見られましたが、ブランド論が広まったのは1990年代以降となります。

　ちなみに、1983年版の『コトラーマーケティング・マネジメント第4版』（フィリップ・コトラー著／プレジデント社）を見ると、ブランドの項目はどこにも載っていません。しかし、2018年に日本で出版されたコトラーの最終講義である、『コトラーのマーケティング4.0』（フィリップ・コトラー著／朝日新聞出版）には、全11章のうち最後の4章がブランド関連にあてられています。

　第1章から第3章までは「誰に」「何を」「どのように」という基本のマーケティング・プロセスの理論ですが、第4章と第5章はそれらを貫く横串理論といえます。

　1980年代の終わり、広告投資の効果やマーケティングの限界が叫ばれはじめたころ、ブランドは救世主のように現れました。

　ロゴや商標、コーポレート・アイデンティティも含め、「ブランド」という概念で資産価値を高める提唱をしたのが、カリ

フォルニア大学バークレー校のデビッド・アーカー（David Allen Aaker）教授です。

　ここではまず、アーカー教授やそれに次ぐケリー教授などのブランド論について触れ、事例を紹介します。

ブランディング「Branding」

　ブランド（brand）は、古代スカンジナビア語の牛などの家畜に焼き印をつける「brandr」が語源で、英語の焼かれたという意味の「burned」から派生したといわれています。

　マーケティングにおいてのブランドとは、「ほかの商品サービスと識別できる目印から変じ、顧客の頭の中に刻印されさまざまなイメージを連想させる要素の総体」です。ing のついた動詞形のブランディングは、「ブランドを顧客に認識させ、ブランドを広く深く浸透させるブランド構築」のことです。

　1980 年代、M&A（企業の合併と買収）が活発になってくると、今まで無形であったブランドに対する考え方が変わります。英国ではブランドの資産価値計上が法的に認められるようになったのです。こうした中、米国のデビッド・アーカー教授が1991 年に『ブランド・エクイティ戦略―競争優位戦略をつくりだす名前、シンボル、スローガン』（ダイヤモンド社）を出版し、ブランド資産の考え方を提唱しました。

デビッド・アーカー教授のブランド資産

アーカー教授は、「**ブランド資産価値を創るには、まずブランド・アイデンティティが必要であり、それは顧客にブランドをどう見られたいかである**」と述べています。

強いブランド・アイデンティティを実現するには４つの視点が必要です。

①「商品」としてのブランド
②「組織」としてのブランド
③「人」としてのブランド（ブランド・パーソナリティ）
④「シンボル」としてのブランド

顧客がブランドを信頼するには、顧客にとってのベネフィット（便益）を次の３つに明確化・具体化することが必要です。

①機能的なベネフィット
②情緒的なベネフィット
③自己表現的なベネフィット

これらを首尾一貫すれば強いブランドがつくれます。

また、具体的なブランド資産の要素に目を向けると、アーカー教授は次の５つを挙げています。

①ブランド・ロイヤリティ（忠誠度）

　顧客がそのブランドをどれだけ継続購入してくれるかとい

　うブランドへの忠誠度

②ブランド認知

　そのブランドを知っている人の割合

③知覚品質

　顧客がそのブランドをどれだけ評価しているかの割合

④ブランド・イメージ（連想）

　ブランドを想起すると、顧客の脳裏に好ましいイメージや

　印象が連想されること

⑤ほかの所有ブランド資産

　特許や商標といったブランドに関する法的な権利など

　このように、アーカー教授はブランドが持つ見えない価値を**ブランド資産価値**と名づけ、そして首尾一貫した蓄積がブランドを構築するとしました。強いブランドは圧倒的な競争優位を企業にもたらします。

ケラー教授のブランド・ピラミッド・モデル

　アーカーと並び称されるブランド研究者が、ダートマス大学のケビン・レーン・ケラー（Kevin Lane Keller）教授です。著書『戦略的ブランド・マネジメント』（東急エージェンシー）はまさにブランド・エクイティ（資産）研究の集大成であり、包括的に整理されたブランド論の教科書であるといえます。

ケラー教授はブランドの役割について「**ますます複雑になる世界において、首尾よく管理されたブランドは、消費者にとって重要な意味を単純化し、伝達し、保証し、そして提供することができる**」と述べています。

　マーケティングとブランド・エクイティの今後については「ブランド・エクイティのコンセプトは、マーケティング努力を集中させるための手段として登場してきた。**21世紀に勝ち残るビジネスは、ブランド・エクイティを首尾よく構築し、測定し、そして管理するマーケターを有しているところである**」と語っています。

　2003年にケラー教授は『戦略的ブランド・マネジメント』

ケラー教授のブランド・エクイティ・ピラミッド

の第2版（増補版）を著し、そこでブランドを構築するうえで必要な顧客ベースの「**ブランド・エクイティ・ピラミッド**」を提唱しました。このブランドを構成するピラミッドは、4つの階層に分けています。

- 1層目：アイデンティティ（統一性）
  顧客にどんなブランド・イメージを持たれているか
- 2層目：ミーニング（意味づけ）
  顧客にとってブランドがどういう意味を持つか
  左側が「パフォーマンス」、右側が「イメージ」に分かれる
- 3層目：レスポンス（反応）
  顧客がブランドをどう好意的に受け止めているか
  左側が「判断」、「右側」が「感情」に分かれる
- 4層目：リレーションシップ（関係性）ブランドと顧客に好ましい関係性が築けているか

ピラミッド・モデルは、ブランドを顧客に知ってもらい、パフォーマンスを評価してもらい、連想とイメージを高めていくことで強固なブランドになっていくメカニズムを概念的・感性的に説明しています。

事例 茅乃舎のブランド・アイデンティティ

ブランド論はこのぐらいにして、実際の事例で説明します。

前章で取り上げた茅乃舎のブランドを、ブランド・アイデンティティの4つの視点で見直してみましょう。

● シンボルとしてのブランド

　手間ひまかけたおいしい日本の食を次世代に残したい想いから、山奥に「御料理　茅乃舎」を2005年に開業。茅葺職人の手で80トンの茅を使ったシンボルとしての和食料理処です。

● 商品としてのブランド

　翌年2006年に食品加工の箱崎工場を開設。「茅乃舎だし」をはじめとした化学調味料・保存料無添加の食品加工品を「茅乃舎」ブランドで発売します。値引きなどは一切せず、店頭での試食販売を中心に味と料理レシピを知ってもらいます。

● 組織としてのブランド

　価格コントロールできない量販店などには卸さず、通販と直営店だけでの自社営業に徹します。作る側と売る側が一体となって茅乃舎ブランドをじっくり育てていきます。2010年に六本木ミッドタウン店に大型直営店をオープンすることで、一気にブランドとしての認知度が全国レベルになります。

● 人としてのブランド

　地域に根差した日本の「食文化」を未来につなげるブランディングを目指す茅乃舎ブランドは、インナーの社員はもとより継続して購買してくれる茅乃舎ファンの口コミでどんどん広が

っています。食の安心とおいしさにこだわったブランド・パーソナリティが育ちつつあります。

アーカー教授は、「顧客にどう見られたいかを実現する一貫性の強いブランディングが大事」だと言っていますが、茅乃舎ブランドはいい事例です。

 事例　日本のエルメスといわれる会社のブランディング

日本のエルメスと称される「ソメスサドル」の本社は、かつて炭鉱の町として栄えた北海道歌志内市にあります。明治以来、北海道の開拓を支えてきた農耕馬、馬具づくりの職人が集まって本物の「馬具づくり」がスタートしました。

創業は東京オリンピックの開催された1964年。このころ、石炭から石油に代わり、炭鉱が廃れた救済として産炭地復興条例の適用を受け、「オリエントレザー」という名で職を失った馬具職人を集めて創業しました。当初は馬具を米国へ輸出する会社でしたが、オイルショックと円高で輸出が激減し債務超過に陥りました。

経営を委ねられた当時20代の染谷純一郎氏は人員整理などの大改革を行います。そして磨いてきた皮革の技術を活かし、バッグや皮小物を自社ブランドで製造しはじめました。社名は「仏語のSommet（頂点）＋英語のSaddle（鞍）」の意味を込め

て、ソメスサドルとしました。

　高価ですが、一流ブランドに卸しているフランスやイタリアの選び抜かれた皮を調達しました。馬具と同じように、皮革小物も全てハンドメイド。製品ごとに製造工程が異なる、複雑で丁寧なモノづくりを心がけました。

　1989年、平成天皇の「即位の礼」で使用される馬具一式を納入しました。ソメスサドルの馬具製品は、中央競馬や地方競馬、さらには皇室が使用する馬具になりました。有馬記念で武豊騎手とともに有終の美を飾った「ディープ・インパクト」に使用された鞍も同社で作られたものでした。

　1995年、ファクトリーを砂川に移転し、ショールームも開設しました。2003年には新宿伊勢丹1階正面玄関前に売り場が誕生しました。2008年の洞爺湖サミットで北海道知事からG8の各国首脳と夫人に送られた贈答品は、同社の特別仕様のダレスバッグと婦人用ハンドバッグでした。

　洋服のセレクトショップである「トゥモローランド」とコラボレーションを行うなど、積極的なパブリシティ活動もしています。また、ソメスサドルの革製品は全てWebで簡単に修理の受付ができ、使えば使うほど愛着が湧きます。そうして日本のエルメスといわれるまでのブランドになったのです。

　これまでの要点を、ケリー教授のブランド・エクイティ・ピラミッドの4ステップに沿って整理しましょう。

- ステップ1

アイデンティティ：伝統の手作りの馬具技術に裏打ちされた、本物の手作り皮革製品

- ステップ2

ミーニング：競馬のプロフェッショナルと皇族の愛用品という意味づけ

パフォーマンス：鞍づくりで培った確かな品質と技術。それを納得させる高価格と修理

イメージ：直販と一部百貨店に絞るステータス感、騎手や皇族愛用品

- ステップ3

レスポンス：欧州では上流階級のたしなみというイメージの馬具諸製品を持つクラス感

判断：国内外のVIPへの贈答品実績。伊勢丹本店正面に入った信頼度

感情：「上質感」「特別感」「クラス感」

- ステップ4

関係性：VIPや競馬のプロと同じ商品を使っているという連帯感。修理して長く使える関係性の深まり

ソメスサドルは、60年近くの時間をかけて見事なブランド資産価値を作っているのが分かると思います。

顧客の長期記憶に刻まれた 強いブランドの構築

　日本のブランド論をけん引してきた第一人者に元東京大学大学院教授で現・丸の内ブランドフォーラム代表の片平秀貴先生がいます。世界に継続的に君臨している強いブランドをパワー・ブランドと名づけました。その9つの法則は『パワー・ブランドの本質』（片平秀貴著／ダイヤモンド社）にまとめられています。

パワー・ブランドの9つの法則

● 第1の法則：夢の法則

　世界のパワー・ブランドはいずれも、従業員および関係業者を奮い立たせ、顧客を歓喜させる「夢」を持っています。「ブランドは熱き血の流れる生き物」なのです。パワー・ブランドのこうした「夢」は50年、100年と受け継がれます。

● 第2の法則：一貫性の法則

　9つの法則のうち最も重要な法則です。一貫性には次の3つの意味があります。

①時間の一貫性（継続性）

②商品の一貫性（整合性）

③マーケティング・ミックスの一貫性（統合性）

● 第3の法則：革新性の法則

　パワー・ブランドは夢を追い続けるとともに、行動はいつも革新的です。革新的の意味は次の3つです。

①技術の革新性：卓越した研究開発力、技術力

②組織の先取性：常に物事を先取りする精神

③経営者の先見性：経営者として時代の先を読み、ブランドの将来を絵にする能力

● 第4の法則：主役の法則

　パワー・ブランドをつくり上げる主役は、経営者でなければなりません。

● 第5の法則：日本モデルの法則

　日本モデルの法則は次の3つです。

①終身雇用で生え抜きのトップ

②従業員尊重の企業文化と従業員の高いロイヤリティ

③トップと従業員が触れ合うことのできるフラットな組織

● 第6の法則：クラブの組織の法則

　クラブ組織とは、営利を追求する団体ではなく、1つの共通

する考え方を共有できるメンバーたちが集まって友好を深める場です。クラブ組織における三種の神器は「理念」「シンボル」「メンバー」です。

● 第7の法則：スーパー・カスタマーの法則

例えば、「ナイキ」とマイケルジョーダンは単なる企業と広告タレントという関係ではなく、最高のバスケット・シューズの共同開発者であり、テスターであり、全人的な信頼関係で結ばれた友人なのです。つまりスーパー・カスタマーがパワー・ブランド企業の身近にいて、スーパー・カスタマーの意見と体験はほかの多くの顧客を代表しているのです。

● 第8の法則：エイジング不在の法則

パワー・ブランドにはエイジング（老齢化）が起こらないような「装置」が内蔵されています。その装置には3つの要件があり、①入り口を重視する、②組織の若さを保つ、③プロアクティブな冒険を恐れない、の3つです。

● 第9の法則：倫理性の法則

パワー・ブランド企業は、社会の一員という意識を持ち、良い社会にするために貢献するという意識が強いのです。地球環境に配慮することも、企業として当然やるべきことの一つであるという強い倫理性を持っています。

『パワー・ブランドの本質』では、片平先生自ら 12 の世界的パワー・ブランド企業のエグゼクティブにインタビューしたケースを載せています。ここではその一つ「ノードストローム」のリンダ・フィン取締役との対談から、抜粋してパワー・ブランド事例として取り上げます。

1901 年、ノードストリームはシアトルのダウンタウンで靴屋としてスタートしました。その後 122 年もの間、時代は変わっても老舗高級百貨店として継続しています。同じシアトルには Amazon の本社もあり、Amazon から流通変化への対応を学び、今ではデジタル戦略に秀でる革新性を持ち合わせた企業でもあります。

ノードストリームとほかのライバルたちとの決定的な違いは、マーチャンダイジングやそのほかの意思決定が完全に分権化されていて、現場に移譲されていることです。

このことに関して、「例えば、新しい店を出すときは、店長のほか主要スタッフは全て内部の人材を登用する。内部昇進によって企業文化を身につけていくのがわれわれのやり方だ」と述べています。

どのような人を雇うのかという問いには、「学歴は関係ない。人柄で採用する。ナイスな人を採用する」と答えています。

日本では世襲制度の弊害が指摘されているが、ノードスト
ロームではどうなのかという問いに対しては、「ノードスト
ローム家の人々が存在していることがわれわれの誇りにつなが
っている」と答えています。

　ノードストロームにはサービスに関するいろいろな伝説があ
ります。
　返品に関するマニュアルみたいなものはあるわけではないの
かという質問に対して、「そうだ。新しく入社した社員には、
ノードストローム家の経営陣の誰かが入社式に出席して、『返
品政策が一番重要だ。他店で買ったものだと分かっていても返
金するように。あれこれ議論する必要はない、また、店長に相
談するまでもない』とスピーチするのが習わしとなっている。
このような安心感を提供しているから顧客はみんなノードスト
ロームにやってくる」との答えが返ってきました。

　また、「ノードストロームにない商品は他店から手に入れて
でも提供する」と述べたり、広告宣伝については次のように答
えたりしています。「われわれは、マーケティングや宣伝には
あまり金を使わない。ノードストロームが大事にしているのは、
店頭とそこで働く従業員だ。そして『サービスの質』がわれわ
れの命だ。だから、宣伝より顧客の口コミによるところが多い。
誰もが重要性を分かっている」と述べています。

　ノードストロームは、「全ては顧客のために」という考えの

もと徹底したサービスがブランド資産価値を支えていることが分かるインタビューでした。

現在のノードストロームは、顧客の購買変化へデジタル対応して、優れた EC サイトを自社で作り、ネットとリアル店舗を融合した顧客のこだわりをデジタル化で実現する進歩的百貨店に変身しています。

◯ 強いブランド構築をするために留意すべきポイント

では、次に強いブランド構築をするため実際に留意すべきポイントとして、「ブランドのポジショニング」「ブランドの所有形態」「ブランド開発」を解説します。

ブランドのポジショニング

まず企業のマーケターは、ターゲット顧客の脳内にブランドを明確にポジショニングしなければいけません。つまり、**顧客のブランド・イメージの現状を把握して、しっかり植え付ける活動**を必要とします。

ポジショニングには3つのレベルがあります。最も簡単なレベルは「商品属性」によるポジショニングです。しかしこれはすぐに他社がまねして同化してくるので、さらに高度な「ベネフィット」レベルでのポジショニングが必要となります。

ベネフィットレベルでのポジショニング

　第1章で紹介した通り、サントリーの BOSS ブランドは働く人の相棒としてのポジショニングで成功しました。しかし、コンビニの100円マシンコーヒーの誕生で打撃を受けることになります。これに対し、2017年に今までのイメージとは異なる新しいスタイリッシュなボトルデザインで、中身が見えすっきりした味わいのクラフトボスを発売しました。

　現代の多様な働く人を快適にする新しい相棒として位置づけ、さまざまなシーンで「ワーク＆ピース」を実現する新商品を投入し、2021年に年間4,000万ケースを超える大ヒット商品によみがえりました。

強い信念と価値に基づいたポジショニング

　さらに最上のポジショニングは、「商品属性」や「ベネフィット」を超え、「強い信念と価値」に基づいたものとなります。

　オートバイメーカーの「ハーレーダビッドソン」は、性能やエンジンパワーの数値にこだわらず、西部開拓時代の馬を乗りこなすような安定感と体感、そしてエンジン音と振動によって顧客に驚きと興奮を巻き起こします。だからこそ、ハーレー命の熱き想いでハーレーのロゴを入れ墨する熱狂的ファンまで現れるのです。

　パワーブランドは、顧客と感情レベルで深く結びついている

といえます。

ブランドの所有形態

　ブランドはレベルに応じて呼び方が変わることがあります。企業全体にかかる「コーポレート・ブランド」、商品群にかかる「アンブレラ・ブランド」、商品単体の「個別ブランド」の3つです。

　また、ブランドの所有形態から分類すると、次の4つとそのほかのブランド形態に分けられます。

①ナショナル・ブランド

　メーカーブランドとも呼ばれる一般的ブランド

②プライベート・ブランド

　メーカーブランドに対し大手量販店、コンビニエンスストアなどの流通主導で生み出されるブランド。ナショナル・ブランドと違って製造委託で研究開発費や広告費がかからないので、その分低価格で流通する。時流に合うため伸びやすい。イオングループのトップバリューが代表例。

③ライセンス・ブランド

　他社とブランド契約を結んで扱うブランド。バーニーズニューヨークは、日本では住友商事がライセンスを結んで展開している。ディズニーなどのキャラクターをライセンス化してい

る場合もある。

④共同ブランド

　異なる企業のブランド名を同一商品で使用するブランド。それぞれのブランド資産の相乗効果を狙ったもの。ナイキとApple の共同ブランド「Nike+iPod スポーツ・キット」も注目を集めた事例の一つ。

⑤そのほかのブランド

　クリスチャン・ディオールなどデザイナーが独自に展開するデザイナーブランド、雪国もやしに対して単なる商品名のモヤシなど、ブランド展開しないノーブランドなど。

ブランド開発

　新商品に新しいブランドを投入してうまくいった場合には、サイズ・色・材料・パッケージなど同一ブランドでバリエーションを広げる「**ライン拡張**」をしていきます。ただ気をつけなければいけないのは、いたずらにライン拡張をすると、顧客の混乱とフラストレーションを招く場合もあります。

　同一ブランドで違った製品分野に進出することを「**ブランド拡張**」といいます。高級ファッションブランドのグッチがファッション時計をグッチブランドで発売することなどです。ブランディングで得たブランド・イメージに合致するカテゴリーの

ブランド拡張はプラスになることが多いですが、やりすぎるとブランド・イメージを損なうリスクがあります。

　新分野での新商品のブランド拡張は、素早く認知が得られ、広告費も抑えることができる利点もありますが、今まで蓄積したブランド資産を消費しているかもしれないことに留意しなければいけません。SONY のブランド資産を利用した SONY 保険、世界のトヨタブランドを使った住宅産業の進出などがあります。

　同一製品カテゴリーの中で複数のブランドを使う場合もあります。これを「マルチブランド」といいます。例えば、P&G は洗濯洗剤市場で 2 つの大きなブランドである「アリエール」と「ボールド」を持っています。

　ポジショニングは明確に分けられており、アリエールは洗剤の基本機能の洗浄力と白さと除菌を売り物に、ボールドは柔軟と香りを強調して洗濯の楽しさを訴求しています。

　関西のマーケティング界の重鎮である石井淳蔵先生は、P&G、コカ・コーラ、ネスレの事例を紹介したうえで、『マーケティングを学ぶ』（石井淳蔵著／ちくま新書）の中で「成長期には（ブランド）ポジショニング方式、そして成熟期にはブランド拡張方式と、市場状況の変化に合わせて慎重に成長対応を考えなければいけない」と述べています。「ブランド拡張」と「ブランド・ポートフォリオ」については次項で説明します。

時代を超えたブランディングの
一貫性と広がり

なぜ今ブランドが必要なのか

　欧米のグローバル企業はブランドを非常に大切にします。昨今、品質的差別化で売り上げを伸ばしてもすぐに模倣され価格競争が起こり、商品がコモディティ化する危険をはらんでいます。しかし、ブランドがしっかり定着していると多少高くても買ってくれる顧客がいます。

　現代は企業間の技術的差異が縮まっています。またITとソーシャルメディアの急速な進展で、個人にとっても企業にとっても大小にかかわらずスマートフォンやパソコンがあれば情報格差がない社会になっています。

　このような環境変化の中で、顧客の頭の中にある特定商品や企業の長期記憶と想起イメージとしての「ブランド」が重要になってきています。そのため、**優秀なグローバル企業は一時の売り上げより「ブランド」を重視しているのです。**

　ブランドは顧客の心の中にある信頼やつながりの証しともいえます。売り上げや利益も大切ですが、それはあくまで結果です。それらの大きな源泉である「ブランド」と「ブランディング（ブランド構築）」は、今後もさらに企業にとって必要とな

るでしょう。「ブランド」は、人、物、金、情報に次ぐ第5の経営資源であり資産なのです。

ブランド・コア

　企業には根本となる企業哲学や企業理念があります。それは創業者の「想い」だったり、企業が根差す根底にある文化や「目的（パーパス）」です。企業が大きくなるとそれに加え、「ミッション」や「ビジョン」が必要となってきます。大まかにはどちらも同じに捉えて差し支えはないのですが、あえていうとミッションは「存在理由」、ビジョンは目指すべき「将来の方向性」です。

　強いブランドをつくるには、これらを踏まえたうえで第1にブランド・アイデンティティを明確にして、トップから末端まで社内で共有することです。ブランド・アイデンティティの土台は、企業の「志」、さらに顧客視点での「ベネフィット」です。

　ベネフィットを2つ以上掛け合わせて独自性のあるブランド・コアを確定し、その実現に向けて努力を継続すると、初めて確固たるブランドへの道が見えてきます。

ブランディングの「一貫性」

　では強いブランドをつくるにはアイデンティティのほかに何が一番重要なのでしょうか。片平先生は先に述べたようにパワー・ブランドの9法則を挙げましたが、どれも重要ですがあ

えて1つ挙げるならば、「**一貫性の法則**」でしょう。

「ブランド」は経営者や従業員より長く永続します。ブランディングで重要なことは、「一貫性」です。一貫性は縦・横・時間全てにいえます。

トップから新入社員に至るまで、ブランド・アイデンティティのコア部分を共有する必要があります。

前項のノードストロームのインタビューを思い出してください。入社式では必ずノードストローム家の誰かが出席して訓示します。ノードストロームのブランド・ウエイを浸透させるのです。

横の一貫性は、従業員だけでなく、顧客、取引関係者、地元住人、ステークホルダーなどにも伝え、共有します。

また時間軸でも時代とともに変える部分も出てきますが、コアな部分は変えてはいけません。だからこそ時代を超えてブランド資産は受け継がれていくのです。ブランドの一貫性が長い時間軸の中で熟成され、進化していくとブランディングがしっかりしたものになっていきます。ブランディングにはある程度の時間が必要なのです。

逆に長い時間をかけて確固たる強いブランドを確立しても、顧客の信頼を裏切るようなことをするとせっかく築いたブランドも信用をなくします。

事例 日本料理を世界に知らしめた至宝ブランド

和食界の最高峰「吉兆」は、湯木貞一翁が日本料理を世界に

知らしめた至宝ブランドです。貞一翁は、16歳で父親の料亭「中現長」を継ぎました。松江の名藩主、松平不昧公の『茶会記』を読んで茶道に目覚め、茶懐石を取り入れはじめました。

　真の日本料理を究めたいと30歳で父と喧嘩別れして独立しました。カウンター割烹「御鯛茶処　吉兆」は、当初は誰も客が来ない日もあったといわれています。茶懐石を究めるうちに、関西の財界の重鎮、阪急の創始者小林一三、日本の電気王と呼ばれた松永安左衛門、関西電力会長芦原義重や魯山人などのそうそうたる文化人が貞一翁の熱烈なファンとなりました。

　インタビューに応じて、貞一翁は日本料理について「日本料理が味だけでなく、器やお部屋のたたずまいも含めて、日本文化そのものだという表われです」と語っています。

　1男、4女に恵まれ、子どもたちを分家させる形で、長女が東京吉兆、長男が高麗橋の本吉兆、二女が京都吉兆、三女が船場吉兆、四女が神戸吉兆を受け継ぎ、吉兆ブランドを拡張しました。

　貞一翁のキャッチフレーズは50年以上もの間「世界の名物　日本料理」でした。95歳で亡くなるまで日本料理の地位向上に努め、翁のもと、各吉兆も味の研鑽とブランドを守り続けていました。

　しかし、翁が亡くなると吉兆ブランドのブランド・コアが薄れました。船場吉兆は大阪、福岡に計4店を出店し、福岡では岩田屋百貨店に天神吉兆を構え、地下食料品売り場では、吉兆ブランドの総菜と和菓子を売っていました。その和菓子で賞味期限を改ざんして張り替える事件や産地偽装などの一連の不祥

事が 2007 年に内部告発で全国に知れ渡ることになりました。
相次ぐ不祥事で翌年、船場吉兆は廃業に追い込まれました。

　貞一翁が一代で築いた吉兆ブランドが、5 つに分かれ、20 店
舗までに全国拡大しましたが、ブランド・アイデンティティが
薄れてしまったのです。

ブランド拡張とブランド・ポートフォリオの考え方

　ブランドが強くなってくると、企業はブランド拡張の誘惑に
かられます。前の吉兆ブランドの分散と全国展開がそのいい例
です。企業内にある複数のブランドを効率的に、しかも全体的
観点からその複数ブランドを管理することを「ブランド・ポー
トフォリオ」といいます。

　デビッド・アーカー教授は 2004 年に『ブランド・ポートフ
ォリオ戦略』（ダイヤモンド社）を著し、ただ単に強いブラン
ドをつくるだけでなく、ブランドの効率的運用やリスク分散な
どの観点から企業全体のブランド・ポートフォリオを適切に管
理すれば、競合に対して有利な立場に立てて、結果的に利益が
得られると唱えました。

　新商品を出すにあたってブランド開発には、4 つの選択肢が
あると『コトラー、アームストロング、恩蔵のマーケティング
原理』（フィリップ・コトラー、ゲイリー・アームストロング、
恩蔵直人著／丸善出版）には書かれています。

　次図のようにブランド軸と商品カテゴリー軸の 2 軸にそれぞ
れの「既存」と「新規」で分けると 4 つのマトリックスができ

ます。既存ブランドと既存商品カテゴリーの掛け合わせが「ライン拡張」、既存ブランドと新規商品カテゴリーの掛け合わせが「ブランド拡張」です。

　既存の商品カテゴリーで新規ブランドを掛け合わせたマトリックスは「マルチブランド」、新商品カテゴリーと新規ブランドを掛け合わせたマトリックスが「新ブランド」です。

ブランド開発

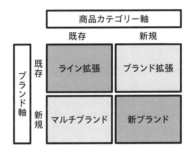

　商品を発売するときすでにブランドが確立していて、カテゴリーが同じ商品の場合は、既存ブランドを使って商品を出します。これを「**ライン拡張**」といいます。サントリーのボスコーヒー缶では、味や香りや訴求点で、「ボス贅沢微糖」「ボス優駿の微糖」「ボスほろにが」などのライン拡張をしています。

　これに対し、同じ商品カテゴリーでもあえて新規個別ブランドを立ち上げる場合もあり、これを「マルチブランド」と呼びます。例えば、アシックスはもともと1949年に創業したスポー

ツシューズ会社の鬼塚でした。虎のマークをつけた競技用シューズとして有名でしたが、アシックスブランドで統一して成長を遂げました。しかし2000年にかつての競技用「オニツカタイガー」を個別ブランドとして復刻させました。

　競技用だったデザインを街歩き用として変更し、商品にストーリー性を持たせ、日本の伝統的な柄や素材を使って日本スタイルを強調しました。このブランドは日米欧の若者の心をつかみました。「アシックス」というマスターブランドに加え、「オニツカタイガー」という個別ブランドの2本柱で効率的にブランド・ポートフォリオを運営しています。

　ブランド拡張とは、新カテゴリーの新商品に既存の個別ブランドを使っていくことです。

　例えば、トヨタが住宅に進出したときもトヨタの名を冠したのもブランド拡張といえるでしょう。今まで築いてきたブランド力の信用を活用できる利点がありますが、**あまりにイメージがマッチしないと本体のブランドを棄却しかねないことにもつながるため要注意です**。かつて「プレイボーイ」ブランドで栄養ドリンクを発売したことがありますが、失敗事例とされています。

顧客の中の無形資産を
焦らずじっくり育てる

　ここでは、マーケティング視点からブランディングでは何が重要かを全体的に考えてみましょう。

全体統合マーケティング

　ブランディングでは、まず社員にブランド・アイデンティティやブランド・コアを浸透させることが重要です。社員がブランド・コアを共有していないと顧客にはブランドは伝わりません。ブランドは顧客の頭の中にあるものなので、社員の頭の中にイメージが抱かれていないと、顧客の頭に根付かせることはできません。この社内にブランド定着させることを**インナー・ブランディング**と呼びます。

　優良ブランド企業のスターバックスは、2007年から2008年にかけて売り上げは伸びたものの利益は半減します。主な原因は既存店の売り上げ不振でした。普通の経営者ならばこの状況では経営合理化によって利益率の向上を図るでしょう。しかし、創業者の1人であるハワード・シュルツ（Howard Schultz）氏がCEOにカムバックしてやったことは原点回帰でした。サードプレイスとしてくつろげるスターバックスのブランド・コア

を取り戻そうとしたのです。その結果、スターバックスは再生します。

インナー・ブランディングが社内に浸透すると、外部に向けたアウター・ブランディングが一貫してできるようになります。インナー・ブランディングとアウター・ブランディングは相互に密接した表裏一体の関係です。**社内で言っていることと、外部に向かって発信していることが異なることは、ブランディングにとって最大の失敗要因となります。**

分かりやすくいうと、ブランド・コアについてブランドをつくる社内の関係者が共感していると、外部に対してブランド・メッセージを心から発信できるようになります。そこで初めてコミュニケーションを通じて顧客にブランド・メッセージを伝えることができます。

商品、ブランド体験、広告、パブリシティ、売り場、クレーム対応などを通じて商品を認識し、顧客にとって商品が知覚されます。商品の使用体験やそのベネフィットを実感して、顧客の頭の中にそのブランドのイメージがだんだん刻まれていきます。

広告は短期的なブランド認知を高めるにはある程度有効ですが、認知を深め顧客の共感を得て長期記憶に結びつけるには、顧客の口コミやパブリシティといった無償の伝達やブランド経験といった不断の努力と活動が大切になってきます。**ブランドを育てるのには時間がかかる**のです。

企業の志や哲学、ミッション、ビジョンや想いがブランド・

コアという形で従業員と共有されます。次にそれらを顧客や外部にどのように伝えるかのコミュニケーション戦略と一体化されなければいけません。そして個々のマーケティング戦略が一貫してブランド視点で統合されていないと意味をなしません。

KUMON・公文教育研究会

個人が創り、グローバルブランディングまで成功した事例を見てみましょう。

日本の民間教育機関でグローバルなブランディングに成功している私企業があります。公文教育研究会の公文の名前をそのままローマ字にしてグローバルブランドとした KUMON です。

公文ができたきっかけは、算数ができると思っていた小学校2年生の息子のポケットに隠してあった算数の答案用紙を見て心配した母親が、父親に相談したところから始まります。

父親の公文公（くもん・とおる）は当時数学の高校教師をしていました。公文は息子が自主的に学習を進めたくなる学習教材を作る決心をします。あくまで自主性を育むために、本人が無理なく続けることができることを念頭に置きました。計算力の養成に絞って自主学習形式で学べる手作り教材を工夫して作りました。

息子は父親の作った手作り教材を毎日30分続けるだけでみるみる力をつけていきました。小学校6年生の夏には微分・積分を学習できるまでに成長しました。この手作りの計算問題が公文式の原点です。請われるままに近所の子どもたちを自宅に

集めて同じような方法で教えたところ、どの子もメキメキと学力を向上させたのでした。そこで公文公は、「この方法で一人でも多くの子どもの可能性を伸ばしてあげたい」と大阪で算数教室を開く決心をしました。

公文は「子どもは本来、自分から伸びようとする力を秘めている」と考えていました。読み書き計算に取り組む過程で「やればできる」という自己肯定感を育み、「自ら学ぶ力」を育てていくのです。

公文教育研究会は、理念に、「われわれは個々の人間に与えられている可能性を発見しその能力を最大限に伸ばすことにより健全にして有能な人材の育成をはかり地球社会に貢献する」を掲げています。

公文に参画するスタッフがこの理念に共感できるかを重要視する経営を行っています。それはインナー・ブランドに共感できる社員がブランディングをして初めて、アウター・ブランドの価値を高めることができるからです。

公文は国内で実績を上げてどんどん拡大していきました。海外へは 1974 年、海外赴任となった家族の子どもを対象にニューヨークで教室が開設されました。1970 年代のうちに台湾、ブラジル、ドイツでも日本人の子どもを対象にした公文式の教室が開設されていきました。

1980 年代には「サミトンの奇跡」と呼ばれることが起きま

した。テレビのニュースで公文式のことを知ったアメリカアラバマ州のサミトンの学校の副校長先生が同校の授業に公文式を取り入れました。その後、学力診断テストが70点から90点に上がるという目覚ましい成果が現れました。

　これをマスコミが取り上げサミトンの奇跡として大々的に報道されて、大きな反響が巻き起こりました。全米から問い合わせが殺到し、翌年の1990年には『タイム』誌に記事が載り、世界から問い合わせが来ました。無償でのパブリシティの威力はすごいのです。

　KUMONは世界の共通ブランドとして世界に根づき、2006年には生徒数は400万人を超えました。KUMONは現在世界的なグローバルブランドに発展しています。2018年に60周年を迎え、世界の関係者が日本に集まりました。

　公文式は日本の学習指導要領によらず、個々の才能を自主的に伸ばす世界に通じる教材であったため、その国の言語に直せば世界共通の教材フォーマットと指導方法として共通言語化が可能でした。また学び合う組織風土づくりや、ローカルの知恵を情報交換会を通して組織全体に共有化してきました。

　そしてなんといっても、公文の夢や理念、ビジョンに共感した社員や、現地での協力スタッフがKUMONのブランド・コアの軸をぶらさずに、時間をかけて浸透させてきたことが今のブランディングの成功につながっているのだと思います。

世界の文化人を魅了する
創業300年の京都俵屋旅館

　私は結婚してすぐに京都に転勤になったことがあります。京都には伝統の息づいている宿がいくつもあります。特に御池通を麩屋町通りに沿って下がっていくと風格のある柊屋と俵屋が向かい合ってあります。さらに下がると炭屋があります。この3つの旅館は世界に名の知れた別格のブランド旅館です。

　俵屋は創業300年の老舗。もともとは島根県浜田市にあった呉服問屋が江戸の中期に京都で商いを始め、本業の傍ら濱田藩士たちを宝永年間にもてなしたのが始まりということです。江戸時代の書院風の建物は、幕末の蛤御門の変により焼け、程なく数寄屋風に改めて再建し、その後何度も修復を重ねながら現在に至っています。

　SNS全盛の今でも公式サイトが存在しない旅館なのですが、口コミなどでその存在が知られ、世界の著名人を虜にしているのです。Apple創業者のスティーブ・ジョブズがこよなく愛した宿としても知られていますが、スティーヴン・スピルバーグ、マーロン・ブランド、アルフレッド・ヒッチコック、リチャード・ギア、トム・クルーズ、指揮者のバーン・シュタイン、フォード大統領、スウェーデン国王らの国家元首など世界の著名人が泊まっています。なぜ時代に流されない稀有なこの旅館は

世界の顧客のハートをつかんで離さないのでしょうか。その理由をみてみましょう。

　弟の急死で思いがけなく11代目当主を継ぐことになった姉の佐藤年さんは「建物、庭、調度品、どれも皆、伝統の技術を継承する職人が守ってくれています。博物館のガラスケースの中に見る伝統とは別にある、生活に密着した文化の『用の美』とでもいえる、暮らしが育んできた日本の美しいものを肌で感じられます」と俵屋のサービスについて語っています。

　職人や京都の町の関係者が俵屋の伝統美を一緒に守ってくれているエピソードを作家の村松友視さんの本『俵屋の不思議』（世界文化社）から2つご紹介しましょう。

　俵屋ではお風呂は檜ではなく、香りもよく水に強く長持ちする高野槇を使っています。毎日の手入れも大切ですが、年月を経ると人間の脂で槇が呼吸できなくなるときが来ます。特に洋食の多い昨今ではそうだそうです。そんなとき専門の「洗いやさん」に診てもらうそうです。ペーパーやすりや微細な竹の刷毛で羽目板や天井、風呂桶の汚れを丁寧に落としていきます。俵を燃やした灰のあくに今では化成ソーダを少し混ぜて磨くと、槇の木が呼吸をしだしいい香りがよみがえるそうなのです。
　平成9年の師走の夜更けに厨房から小火が出て消防車が出動したことがあります。原因は、長年の過熱の繰り返しと乾燥によって厨房の壁の中が炭のようになって低温発火したことでし

た。発火はしたものの伝統的な真壁が延焼を食い止めたということです。現代の壁は中を真空にしているので火の通路になるのですが、真壁は希少な聚楽土や浅黄土を修復の度に何層にも塗り重ね7、8センチに達していたのです。全国でも漆喰（しっくい）ではないこの土を塗れる職人は関西にしかいないそうです。

このとき外国人を含む33人が泊まっていたそうですが、日ごろの訓練通りお客さまを日本語と英語で誘導し、まず目の前の柊屋に待機させてもらい、近くのホテルや旅館に移ってもらったそうです。後から柊屋さんの女将に俵屋の年さんが挨拶に行かれたそうですが、困ったときには何も言わなくても周り近所で助け合う互助の精神が街には残っているのです。職人たちが続々と俵屋に駆けつけたそうです。ですから放水で水浸しになったにもかかわらず、修復して復旧、早くも10日後には営業を再開したそうです。

コミュニケーション戦略では、従来のマーケティングの手法とは真逆のことをしています。しているというより広告宣伝やSNS活動をやっていないのです。しかし最も大切な「顧客にとっての居心地の良さ」や「おもてなしとは何か」を時代とともに少しずつ変え、基本はお客さまのことを考えています。部屋数18室に対して従業員数は約70人と多いことからもこれらのことがいえます。

年さんの息子である12代目当主佐藤守弘社長は「お客さまの希望をできる限りかなえるのがサービス。省力化できず、マ

ニュアルもない。一人一人考え抜くことにつきる」と語っています。伝統の良さは変えず、顧客の居心地を考えて手を加えているのです。

　11代目の年さんは、定期的な細やかな改修に加え、全ての部屋に書斎やソファなどのくつろぎの空間を設けました。また「自然と一体となった安らげる部屋」を目指して、「翠の間」で全面ガラス張りの庭を土間に引き入れた空間を実現されました。スティーブ・ジョブズはこの部屋がお気に入りだったみたいです。また3室にベッドを取り入れたのも新たな進化といえるでしょう。

　奇をてらわず居心地の良さと顧客へのおもてなしを300年間磨き続けてきた俵屋旅館は、流行と時間に左右されないアンチテーゼとしての超越したブランディングをしているように見えます。

　最後に『俵屋の不思議』から引用しましょう。
「かつて、『俵屋』をパリ、ニューヨーク、オーストラリア、韓国などにつくってほしいという話が数多く舞い込んだとき、アーネスト・佐藤氏（佐藤年さんのご主人）は猛反対したという。理由は『俵屋を味わいたければ、この俵屋に来ればいい』だった」。
　俵屋は支店を持ちません。いたずらなブランド拡張を拒み、京都・俵屋での経験価値を最も重視しているのです。

第 4 章 の ま と め

☑ 80年代にM&Aが活発化すると無形のブランドが注目されだした。英国でブランドの資産価値計上が認められた

☑ D・アーカー教授によって1991年「ブランド・エクイティ（資産）戦略」の考えが提唱された

☑ ブランド資産価値を創るには、ブランド・アイデンティティが必要である

☑ ①商品としての、②組織として、③人としての、④シンボルとしてのブランドがブランド・アイデンティティを強くする

☑ ブランド大御所であるK・L・ケラーは、ブランド資産研究の集大成ともいえる『戦略的ブランド・マネジメント』を著した

☑ 東大の片平教授は、顧客の長期記憶に刻印された強いブランドとして9つの法則を『パワー・ブランドの法則』にまとめた

☑ ブランド・コアには、企業哲学や理念、創業者の想いなどの志が必要。同時に顧客視点でのベネフィットも織り込む

☑ すぐに価格競争が起きやすい昨今は、顧客の頭の中にある長期記憶や想起イメージである「ブランド」が重要

☑ 売り上げや利益も大切だが、その源泉であるブランドはヒト、モノ、カネ、情報に次ぐ第5の経営資源であり資産である

☑ ブランドが強くなってくると、企業はどんな商品や事業にも同じブランドを使いたいブランド拡張の誘惑に駆られる

☑ 安易なブランド拡張は、ブランド資産を棄損するリスクがある。これを避けるため複数ブランドを持つ

第 **5** 章

横串原理②
関係性構築
「Relationship Marketing」

顧客
の
特定

価値
創造

顧客満足
の
仕組み化

ブラン
ディング

関係性
構築

シンマーケ

理論5　関係性構築
「Relationship Marketing」

　米国でブランディングが提唱されたのとほぼ時を同じくして、顧客関係性マネジメント（CRM:Customer Relationship Management）や関係性マーケティング（Relationship Marketing）という考え方が起こりました。

　この考え方の根底には、企業や組織が単に顧客だけでなく従業員、経営層、関係先、株主、投資家、金融などのステークホルダーらとの強い関係構築をして継続的な経営を強化しようという狙いがあります。

　1983年、マーケティング学者レナード・ベリー（Leonard Berry）によって既存顧客との関係性を重視し、一時的な売り上げよりも長期的で良好な関係を築き上げる重要性が提唱されました。その考えには、**2割の顧客で8割を稼ぐというパレートの法則**があるといわれています。

　1987年、キャス・ビジネス・スクールのロバート・ショー（Robert Shaw）教授とマリー・ストーン（Merin Stone）の論文『競争優位のデータベース・マーケティング』の中で、「顧客生涯価値」という考えが提唱されました。

　またデータベース・マーケティングはさらに進展して、1993年にはマーケティング・コンサルタントのドン・ペパーズ

（Don Peppers）とマーサ・ロジャース（Martha Rogers）によって「ワン・トゥ・ワン・マーケティング」の概念が提唱されました。

1990年代に入り、顧客との関係性構築を中核に据えるCRMや関係性マーケティングが多くの米国企業で導入されはじめました。それは狭義に捉えると顧客のデータベースを活用して優良顧客の獲得管理を行うマーケティング手法ですが、広義に捉えると企業とそれを取り巻くステークホルダー（広い意味での利害関係者）との強い関係性を構築していく基本的な経営やマーケティングの考え方です。

このCRM流行の背景としては、次のようないくつかの要因が考えられます。

①直接的には新規顧客の獲得コストが上がってきたため、場合によっては既存顧客を優良顧客に育てることのほうが重要になってきたこと（背景にはパレートの法則もある）

②情報技術の進展により顧客データ管理システムの構築がより精緻にできるようになり、究極のワン・ツゥ・ワン・マーケティングに近づいたこと

③短期的な利益の最大化から、長期的な関係強化での顧客生涯価値の最大化が重要になってきたこと

この関係性構築の考え方は、マーケティングの基本的な枠組

みに大きな変化をもたらしています。その時代の共通したモノの見方や枠組みや規範を学問の世界ではパラダイムと呼びます。20世紀マーケティングのパラダイムは、「交換パラダイム」です。交換パラダイムとは企業・組織が顧客に「価値」を創造して提供し、顧客がその見返りとしてその価値に見合う「対価」を支払う双方にとってのウィンウィンの交換パラダイムです。

　それに対し、21世紀のマーケティングのパラダイムは、企業・組織とステークホルダーらが関係性をより深め、価値を共創していく「関係性パラダイム」に本質的なパラダイムが変わりつつあります。

　『コトラー、アームストロング、恩蔵のマーケティング原理』（丸善出版）を紐解くと、「マーケティングの本質」の中でこう書いてあります。「マーケティングをごくシンプルに説明するならば、収益性の高い顧客リレーションシップを構築することとなる」。

　続けて、マーケティングの具体的な5つのステップとして最初の3ステップは、「顧客ニーズの理解」→「顧客主導型マーケティング戦略の設計」（S・T・Pフレーム）→「マーケティング計画の設計」（マーケティング・ミックス4Pフレーム）となっています。第4ステップが、「顧客リレーションシップを構築する」です。ちなみに最後の5ステップは「顧客から価値を獲得する」です。

　20世紀型マーケティングに21世紀型マーケティングをうま

く融合しています。

ひより保育園

　関係性構築について分かりやすい事例で説明しましょう。鹿児島県霧島市に「ひより保育園」という 2017 年に開園した内閣府認定の企業主導型保育園があります。なかなか保育士が集まらない昨今、全国からここの保育園で働きたいと応募が殺到する保育園です。首都圏からの応募もあるそうです。

　田舎だからとか、大変な仕事だから集まらないのではないのです。企業や組織に魅力があれば人は集まるのです。ここで働いている先生は「ここで働かせてもらえることが本当にありがたいです」と言うのです。保育園自身も素晴らしいのですが、ここで働いている方々の質や意識が高く、働いている先生方からも一緒に学べて楽しいという保育園なのです。

　ひより保育園の想いや世界観は創設者古川理沙さんの体験から生まれています。古川さんには 2 人の 2 歳差の娘さんがいて、その育児体験から「こんな保育園あったらいいなぁ」を今実現しているのです。ひより保育園のホームページからビジョンとミッションと思われる箇所を抜き出してみます。

● ビジョン
「私たちひより保育園は、すこし前まで日本のどの地域にも普通にあった、『心地よくて、おせっかいで、少しめんどくさい

けど、なぜかそこに帰りたくなる』町の風景を今の時代に合ったかたちで取り戻したいと思っています。日々の暮らしを大切にし、親から子へ、子から孫へと受け継がれてきたものを次の世代にしっかりとつたえていく」

● ミッション
「こどもたちの『親友』でありたい。こどもたちを『未熟な人』じゃなくて『小さい人』として接する。職員は『一流の社会人』として常に成長し続ける。地域には開かれた存在となる」

　素敵な「想い」ですよね。ビジョンやミッションに魅かれて、保育士や園児が集まってきます。園を通じて、園児も先生方も成長します。そして地域に溶け込みます。こんな保育園ならば自分の子どもや孫を入れたいと思います。

　ひより保育園では、こどもの食育も大切にしています。食堂はガラス張りで働いている人の姿がいつでも見られます。
　保育園の献立表には次のように書かれています。
「ひよりの献立表には、カロリー表示をしていません。カロリー表示よりも食べたいをおいしいを大事にしたい。同じカロリーでも、体調・時間などによって体内への吸収率が違います。1品のカロリーよりも、1日の栄養バランスを優先しました。頭で考えることは最小限にし、心の満足をおいしさの基本にしたいと思っています」と。

子どもたちが自分で実際にお料理をすることもあります。「ひよりブログ」から引用します。

　「3歳から5歳に園児たちが45食分のランチをつくり、お客さんをもてなしました。ひより保育園では、園児が活動するときに大人が介入しすぎないこと、『子どもだからこの程度かな』と大人が線引きしないこと、まず全体の流れを園児に伝え、『始める、続ける、終わる』という一連の流れを経験することを大事にしています。ですから、このレストランのランチづくりも『お料理をした』で終わるものではありません。レストラン開催までのあいだに、園児は自分たちでメニューを考えたり、作業の分担をしたり、譲り合ったり、勇気を出して自分でやってみたり、段取りをしたりと全員で一つのものをつくり、お客さんにふるまう」。園児たちの「作ること」に真剣に向き合う姿に、大人も気づきや学びをもらうそうです。

　ひより保育園には原則残業がありません。スタッフの人たちが家庭の時間や自分たちの勉強時間に使えるようにとの配慮からです。しかも園からの定期的なお便りは原則ナシ、会議のための会議も、資料のための資料作りもナシなのです。必要があれば先生たちが集まってその場で立って話し合って決めます。保育士の先生方が子どもたちに集中できるようにするためです。

　創業者の強い想いが形を作り、保育士や栄養士などの熱きスタッフや、想いに共感した母親とそのお子さん、そして地域の人々との絆や関係性を構築しているのです。

強固な関係構築で
顧客生涯価値の向上

本にもなったバス会社の復活劇

　地元の顧客との対話から始めて関係性構築をしていく中で廃業寸前の会社を復活させた物語を見てみましょう。1926年創業、もう少しで創業100年を迎える十勝バスは、地元の足として黄色いバスの愛称で親しまれています。

　少子高齢化、車社会の進展、地方の衰退などで地方のバス会社は斜陽産業の一つです。日本の路線バス事業は、昭和40年代をピークに年々減少を続け、昭和44年の2,300万人の利用者が、2010年には400万人と実に利用者が8割以上減少してきました。老舗十勝バスとて例外ではありませんでした。

　4代目、野村文吾社長が当時のことをインタビューに答えた月間『理念と経営』の公式ブログから引用してみましょう。「1997年、父から廃業の決意を告げられた日、地域の『足』となってきた十勝バスを『つぶしてもいいのか？』と考え込みました。『今の自分が何不自由ない生活をしていられるのも、十勝バスのお客さまのおかげだ』。そして、当時の勤め先を辞

めて十勝バスに入社しました」

　野村社長はさっそく社内の意識改革を推進しますが、返って
くるのは「無理だ」「できない」という答えばかり。社員たち
には長年の低迷で「あきらめ」が染みついていました。給与や
賞与カットが重ねられ、心も荒れ果てていたのです。

　路線バス会社は世間が休んでいるときに休めない仕事。夏休
みやお盆、正月に出社して働くことが一番つらいのです。野村
社長は「そういうときには自分も出社しよう」と決意します。
正月三が日の早朝出社を続け、5年が過ぎ、10年が過ぎたとき、
一人の社員がこう言いました。「社長、俺、10年間ずっと見て
いたからな。社長が本気なのが分かった」と。この一言に、野
村社長は涙が止まりませんでした。

　ここから、地元への地道な投函作業や聞き込みから段々と社
内の心が一つになっていき快進撃が続くのです。2011年から9
年間連続増収を果たすという奇跡が起きたのでした。なにしろ
利益が出るのは40年ぶりのことです。このストーリーは本に
もなり（『黄色いバスの奇跡　十勝バスの再生物語』吉田理宏
著／総合法令出版）、ミュージカルにもなり上映されました。

　では、会社再建の道のりを概観してみましょう。会社再建に
向け先代は1990年から資産を売却したり、車両更新を先延ば
ししたり人件費を削減したり経費削減をしてきました。20年間
で人件費は6割削減しましたが、営業利益の減少は止まらず半

減しました。2008年のリーマンショックの影響と原油価格の高騰で危機感を抱いた経営幹部に営業強化をして収入を増やすしかないという意識がようやく共有されるようになりました。

まずは本社の近くの停留所の半径200メートルにある住宅のポストに「路線図」と「時刻表」を投函することから始めました。家の人とばったり会うと挨拶をして、そこから会話が始まりました。十勝バスに乗らない人からは社員にとって意外な質問が出ました。「運賃はいくら？」「バスの乗り方が分からない」「バスの降り方が分からない」というものでした。訪問した社員がそれらの声を会社に持ち帰り、翌日皆で共有してその解決策を議論しました。

バスに乗らない潜在的なお客さまは前から乗るのか後ろから乗るのか分からず、不安もありバスに乗らないのです。そして、路線図や時刻表を投函することから、地域の住人の声を聞くことに重きが置かれるようになりました。

そうすると、今まで気づいていなかったお客さまの生の声がどんどん社内で共有されるようになります。課題の解決策やアイデアも次第に出るようになります。バスを利用しないのは不便だからではなく、不安だからというお客さま向けに乗り方と降り方を掲載した「おびひろバスマップ」を作成して配布しました。

戸別訪問に慣れてくると、「一度でもいいからバスに乗って

みませんか？」とか「歩いてバスに乗ることで健康になり、環境問題にもいいですよ」などと少しずつ提案もできるようになります。その結果、いままで素通りだった停留所に人が立つようになったという報告が運転手から寄せられるようになりました。そうすると、病院やスーパー、郵便局や銀行に行きたいお客さまからの問い合わせも出てきました。

　エリアを絞った目的別時刻表を作成し、バスの路線図にどんな病院や商業施設があるのかイラストを描き込んだマップができ上がると、一軒一軒チャイムを鳴らしての訪問に変わっていきました。
　目的別時刻表はさらに、路線バス沿線の観光施設などの入場料と組み合わせ、割引価格で販売する企画商品「日帰り路線バスパック」なども導入され、好評を博しました。
　2010年に2,100人だった日帰り路線バスパックも2015年には5,000人に増えました。地道な地元の関係性構築が功を奏してきたのです。

　2008年から始めたこの取り組みは、2011年にはなんと40年ぶりの前年比「0.5％」増という、地方のバス会社としては、全国初の快挙でした。ここからコロナショック前の2020年まで売上増が続きます。

　十勝バスは地域公共優良団体として国土交通大臣賞も受賞しました。これによってもう駄目だと思われていた日本の交通政

策が動き出しました。野村社長がインタビューに答えたのをそのまま引用しましょう。

「最も大きな成果は、当時の太田国土交通大臣が、全国9つの運輸局に総合的な交通政策の部署を設置してくれたことです。地域交通が地域経済を支える『基盤社会インフラ』であるという認識が高まったことも嬉しかったです」

その後、野村社長はマルシェバスや宅配・混載バスなどバス会社からまちづくり会社へと大きな夢に舵を切っています。

ちなみに従来の路線バス事業に加えて、乗り合い企画、貸し切り営業、貨物配送、介護福祉、飲食、保育・教育、生活支援販売、まちづくり支援など「十勝のさらなる発展」に会社ぐるみで一丸となって取り組んでいます。その全ての始まりは「関係性構築」でした。

顧客の驚きや感動体験が
関係性を深める

　お客さまの驚きや感動体験というと、「夢と魔法の国」のディズニーランドがすぐに思い浮かびます。

　開園初年度の1983年の入場者数は993万人です。ディズニーシーや新しい設備やアトラクションなどを計画的に導入し、顧客を飽きさせませんでした。30周年を迎えた2014年には記録的な入場者数である3,130万人を数えています。これは本場のオークランドのディズニーワールドを抜いて世界のディズニーランドで一番の入場者数です。恐らく利益も世界一でしょう。毎日入場できる年間パスポートを購入する熱烈なファンも拡大しています。

　全てはゲスト（お客さま）を喜ばせるために、キャスト（従業員）は最高のおもてなしとエンターテインメントを提供できるよう常に心がけています。毎朝の朝礼では昨日起きた出来事や反省点が皆に共有され、問題があった場合はどのように対応すればいいかが話し合われます。

　それがいかんなく発揮されたのが3.11の東日本大震災のときでした。通常、キャストは守らなければいけないルールがあります。それを破っても、全てはゲストの安全と不安を取り除くため、園内でどうしていいか分からず不安なゲストたちにベストな行動をキャストがとったのです。

例えば、ゲストの子どもたちの頭を守るために売り物の縫い
ぐるみを配ったり、不安なゲストたちを妖精の衣装で誘導した
りしました。ディズニーランドにはゲストを絶対入れてはいけ
ない裏方の通路や地下道で各施設が結ばれています。ディズ
ニーランドとディズニーシーも地下道で結ばれているのです
(仕事で通してもらったことがあります)。大英断を下してこの
秘密の通路を通って安全な場所に1,500人のゲストを避難させ
た話は神対応として千葉新聞にも載り称賛されました。

このようにディズニーランドでは年々関係性構築が深まり、
リピーターや熱烈なファンが増大しているのです。

事例　　ハーレーダビッドソンが
　　　　　ファンを引き付ける理由

別の会社も見てみましょう。沖縄に移住している私の大先輩
がいます。沖縄に出張すると必ずご一緒してお話を伺うのです
が、コロナ前にお会いしたとき、「三宅、いま大型のバイクの
免許を取るために教習所に通っているのだよ。だから毎日筋ト
レをしているのだ」と嬉しそうに笑っていました。私はポカン
としました。先輩は齢70になろうとしているからです。その
後お会いすると1枚の写真をポケットからニタニタしながら出
して見せてくれました。その写真には大型のハーレーダビッド
ソンに乗った先輩とツーリング仲間が一緒に写っていました。
年に何回かハーレーダビッドソン愛好家と一緒に隊列を組んで、
ゆっくり堂々と走る王者のツーリングが何よりも楽しいと本当
に嬉しそうでした。

ハーレーの何がそこまでファンを引きつけるのかについて触れてみたいと思います。

　ハーレーダビッドソンの誕生は、1903年のウィスコンシン州ミルウォーキー。好奇心に富む3人の若者が自転車のフレームにバイクのエンジンを組み込めないかと考えた冒険からでした。心臓部を作ったウィリアム・S・ハーレー（William Sylvester Harley）とダビッドソン兄弟の名前をとってハーレーダビッドソンとなりました。

　1950年から1960年代に戦後英国製バイクやその後の日本のバイクが台頭してきます。生き残るため巨大資本AMGの傘下に入ります。1969年ピーター・フォンダ主演の伝説の映画「イージー・ライダー」によってハーレーに乗って米国を横断していく姿は、多くの若者の心をつかみました。
　資本力にものをいわせ大きな設備投資をし、生産台数が一挙に5倍近くになります。しかし全体的な品質面が低下し、ユーザー離れと利益の低下をもたらします。過剰生産が今まで築いてきたブランド資産を棄却したのでした。お荷物になったハーレーの売却をAMGは目論みますが、落ち目になったハーレーを買う企業は現れず、ハーレーを愛する13人の経営陣が借金をして買い戻します。
　1981年にハーレーダビッドソンは再び独立します。しかしホンダやヤマハや欧州勢などの競合の前に最悪の業績となり稼働率は半分以下になります。

米国で唯一生き残ったオートバイメーカーを守るため、米国は5年間という期限つきで大型バイクの輸入に関して関税を課します。この間にハーレーは抜本的改革に乗り出し、新技術の導入や従業員関与、統計的プロセス管理、ディラー獲得や顧客維持を支援するプログラムも導入し大きな成果を上げ復活を果たします。中でも顧客との関係性構築に貢献したのは、「H・O・G」とよばれるハーレー・オーナーズ・グループでした。

日本でのハーレーダビッドソン

　日本でのハーレーダビッドソンに話を移しましょう。輸入は古く、1917年には宮内省と陸軍にハーレーが納入されていたようです。戦前、製薬会社の三共が輸入権を獲得し、その後国内生産の契約をとりつけました。

　1989年に米国のハーレーダビッドソンが日本子会社としてハーレーダビッドソンジャパン（以下HDJ）を設立。HDJは1991年に米国ハーレーダビッドソン100％の完全子会社となり、奥井俊史社長が誕生しました。当初はホンダ、ヤマハ、スズキ、カワサキという世界を席巻する強豪オートバイメーカーがしのぎを削る日本市場では流石のHDJも大苦戦するだろうと思われていました。しかも年々市場が縮小し過当競争になっていました。そんな中でも奥井社長率いるHDJは年々シェアを増加させ、2000年には751cc以上の大型バイク市場でハーレーダビッドソンはシェアNo.1をとるに至りました。

　なぜ縮小するバイク市場でHDJは成長できたのでしょうか。

価格は日本勢の大型バイクが 100 万円とすると、2 倍以上する 220 万円以上の高価格路線でした。物理的な性能ではハーレーは日本のオートバイに劣っています。しかも燃費も悪くさらに重いのです。奥井社長は、価格でなく価値を経験させて売る戦略に徹したのです。

　関係性構築の視点からいうと、販売店との太い関係性構築を目指すディライトフル・リレーションシップと、直接顧客にハーレーの世界観を体験させ、経験価値を高めて関係性構築をする 2 本柱でした。当時まだネットもあまり発達せず、SNS などのツールが全くなかった 90 年代に関係性マーケティングをしているのです。奥田マーケティングを一言でいうと、**モノを売るマーケティングではなく、コトを創るマーケティングに徹したこと**でした。

　HDJ は直営の販売店を持っていません。ハーレーの正規販売店は日本のオートバイ販売店のわずか 1% に過ぎませんでした。その 3 分の 2 はハーレー以外のメーカーとの併売店で、しかも小規模な販売店がほとんどでした。

　店主にはメールさえも使えない昔ながらの頑固な人も多く、データベース・マーケティングとかディライトフル・リレーションシップ・マーケティングとかに全く関心もありませんでした。聞く耳を持たなかったのです。これらの店主たちを奥井社長と営業部隊は、根気強く、ウエットな人間関係などのアナログと各種データの管理と共有というデジタルの両面で根気強くアプローチしていきました。

例えば、奥井社長や営業部隊は販売店の店員の結婚期日や誕生日にメッセージやプレゼントを贈ったりして徐々に関係を重ねていきました。営業担当者は日々販売店の相談に耳を傾けてアドバイスを親身になってやっていきました。

　商機を逃さず顧客にアプローチできるようにするため、それぞれの販売店や HDJ でバラバラだった顧客情報を一元化して共有できるデータベースも構築しました。これらによってハーレーを扱っている販売店の売り上げが増えていきました。

　面白いもので「HDJ と関係していると儲かる」となると正規販売店と HDJ との絆はますます強くなっていきました。顧客データが正規販売店と HDJ の間で完全に共有されました。

　顧客との関係性構築は主に 2 つの柱があります。1 つはハーレーを購入してくれた既存顧客や新たに購入した新規顧客に対してです。もう 1 つは潜在顧客に対してです。ハーレーを購入すると全員「LIFE STYLE BOOK」という冊子を受け取ります。そこには「ハーレー 10 の楽しみ」が書かれています。

「知る」楽しみ　ハーレーの歴史や商品についてあれこれ知る楽しみです。

「乗る」楽しみ　読んで頭に入れてから乗ってみるとハーレー好きにはたまらない楽しさ。

「創る」楽しみ　これもたまりません。自分好みに愛車をカスタマイズする楽しみです。

「競う」楽しみ　仲間とファッションやカスタム、レースなど

で自分らしさを競います。

「選ぶ」楽しみ　パーツやファッションや装飾など選ぶ楽しみが広がります。

「出会う」楽しみ　ハーレーを通して仲間と出会う楽しみが世界を広げてくれます。

「愛でる」楽しみ　愛車を常に手入れし優しく乗っていると愛着が増していきます。

「装う」楽しみ　装飾を施し自分もハーレーファッションをして乗るとわくわくします。

「海外交流の」楽しみ　海外のメンバーたちとの刺激的な交流会を経験できます。

「満足」　これらの楽しみを通じて満足感がどんどん高まります。

　要は10のカテゴリーでより深く、より広く楽しめるようなプログラムが用意されているのです。

　例えば、ハーレーのウエアなどファッションアイテムも充実しています。純正パーツも充実しています。購入後もハーレー・ライフをもっと楽しめるのです。女性ライダーのファッションショーなども開催されます。

　また、「出会う」楽しさでは前述の米国復活の一つの鍵であるH・O・G(ハーレー・オーナー・グループ) コミュニティがあります。HDは全世界で130か国以上に広がります。H・O・Gジャパンは1994年に設立され、会員数は世界2位です。年会費を払って加入すると専用のピンとメンバーズカードが渡さ

れ、メンバー限定や優待制度のあるイベントに参加できます。オーナーがハーレーのある生活を楽しみ、より充実させる大きな魅力になっています。仲間のオーナーたちとの大規模なツーリングも楽しみです。全国にチャプターとよばれるH・O・G地域ごとの支部があります。

　イベントも盛んに開催されます。このイベントにはオーナーだけでなく、その家族や友人、ハーレーに関心を持つ潜在顧客などさまざまな層が参加します。HDJのスタッフだけでなく、オーナーや参加者が共創して楽しいイベントになるのです。

　大規模なイベントとしては、何万人も集まる「富士ブルースカイヘブン」や「長崎ハーレーフェスティバル」があります。1998年の富士ブルースカイヘブンの初回への参加者は1,700人足らずでしたが、11年後の11回には5万人を超えました。そのうちの半数以上はハーレーの非オーナーです。

　ハーレーの10の楽しみを具現化した企画がたくさんあります。それでいてHDJや販売店の内輪ノリや自己満足は見られず、参加者の誰もが楽しめるイベントなのです。ですからこのイベントを通じてハーレーの購入を決めた人が続出します。

　オーナーにとっても、ファン同士の交流が生まれると、イベントを離れても交流が継続・拡大しファン同士その関係度合が深まっていくのです。イベントを通じての顧客体験は、関係構築の原動力ともなっています。

　このようにHDJは顧客体験を重視した関係性マーケティングでさらにコアな熱烈ファンを増やし顧客や販売店とともに「価値共創」をし続けているのです。

リピーター獲得と顧客ロイヤリティの 向上とデータベース・マーケティング

　ここでは、取り上げた事例を振り返りながら「関係性構築」のポイントとなる理論や手法をピックアップして概念的に整理します。

　「ひより幼稚園」は、創設者の実体験からこんな保育園を創りたいという「想い」がビジョンやミッションとなり、その想いに共感しそこで働きたいという保育士や栄養士が全国から殺到しました。「こどもたちの親友でありたい」というミッションのもと、先生方の事務処理や雑務や残業時間を極力減らし、子どもたちに心から向き合い集中できる時間を大切にしています。

　子どもたちは時間をかけて小さな大人としての基本を身につけられるように配慮が行き届いています。先生方も残業がないので、自己の研鑽や学習に熱心で、人としての成長ができ、地域にもつながります。

　まずは想いにつながる保育園のビジョンとミッションを先生方が共鳴・共有します。先生方が日々楽しく働ける環境が先生方のやる気と向上心に火をつけます。

　まずはビジョンとミッション、そしてそこで先生方の「従業員満足」が、顧客である保護者とその園児の笑顔と満足につながるのです。

次の「十勝バス」の事例はどん底からのスタートでした。地方の路線バスはピークの売り上げの8割減でした。そんな中で先代はリストラを敢行したのですが、相次ぐ人員削減や給与・賞与カットで従業員の心がすさんで、何をやろうとしても無理だとの諦めムードでした。

　先代が会社をたたもうと決意したとき、国土計画に勤めていた息子が地元に戻り社長をバトンタッチ。しかし笛吹けど誰も踊らず。ジリ貧のまま10年が経過しますが、社長の再建の想いがようやく社員に伝わります。

　バス停の周りの住民の声を聞いて、バスに乗ったことがない住民がバスの乗り方も値段も分からず不安で乗らないのだということを初めて知ります。そこで、路線図に乗り方を記載したり病院や買い物の場所を載せたりして社員と住民とのキャッチボールが始まります。

　また、定期で通っている高校生から話を聞き、「休日にほかの所に行きたいが、自分たちのお小遣いでは運賃が高すぎる」ということも知り、学割定期を持っていれば土日は自由にバスに乗れるサービスも始めます。

　マーケティングの観点からみると、既存顧客にどれだけ商品やサービスを使ってもらっているかという考え方として**顧客ロイヤリティ（忠誠度）**があります。顧客ロイヤリティの尺度でその向上を顧客に当てはめると次のようになります。

　「非ユーザー」⇒「トライアル・ユーザー」⇒「リピート・

ユーザー」

　さらにリピート・ユーザーのロイヤリティを上げるために、目的別バス企画や貸し切りバス、介護タクシーなど新規企画や新規事業に乗り出します。このように関係性マーケティングの一つの目的は、ロイヤル・ユーザーを獲得することなのです。

　そのためには、顧客に驚きと感動体験をさせることも重要になります。まさにその見本が東京ディズニーランドです。
　ハーレーダビッドソンジャパン「HDJ」も感動体験ができる非ユーザーも参加する大規模イベントや既存オーナーのクラブ組織H・O・Gで「ハーレーの10の楽しみ」をさらに深めることができるのです。
　HDJは多くのロイヤル・ユーザー（熱狂的なファン）に支えられているので、直営販売店やマス広告投資をしなくても強い顧客との関係性構築ができているのです。つまりロイヤル・ユーザーを獲得するには顧客の感動体験や体験価値の積み重ねが効いてくるのです。顧客の流れはこうなります。

　非ユーザー⇒トライアル・ユーザー⇒リピート・ユーザー⇒ロイヤル・ユーザー（熱烈なファン）

　もう一つの関係構築の目的は、【顧客生涯価値】（LTV：Life-time Total Value）の最大化です。これに補足説明をしましょう。

これから話すことは情報技術の進展によるデータベース・マーケティングが前提になります。マーケティングに関心のない、HDJ の昔ながらのオヤジのやっている零細販売店にウエットな人間関係アプローチだけでなく、営業担当は販売店の悩みや相談を真摯に聞き、顧客情報の共有化の CRM システムを販売店に導入します。

　さらに、試乗したりイベントに参加したりした見込み客の情報も加味した、新しい顧客関係性システムの販売店全店への導入により、販売店の新規顧客獲得率や既存顧客の維持・向上が飛躍的に高まり、結果として売り上げと利益は平均的な販売店の 5 倍の水準に高まりました。HDJ と販売店の絆が揺るぎないものとなり、顧客・HDJ・販売店の関係構築が太くなったのはいうまでもありません。

　関係性マーケティングでは信頼とコミットメントが鍵といわれます。ハーレーダビッドソンの 10 の楽しみを顧客に約束し、その HDJ のイベントや HD や自分の経験を通じて顧客の「ハーレー・ライフ」の楽しみをずっと続けたいという気持ちがコミットメントです。それは HDJ と販売店、顧客の 3 者の信頼が基盤となっています。また販売店も売り上げを上げ利益をもたらしてくれる HDJ にコミットメントしています。また HDJ は顧客には経験価値を、販売店には情報を約束して、信頼を得ています。要は「顧客や関係者との約束、信頼とコミットメント」が重要になります。この信頼とコミットメントを企業と顧客（と関係者）を結ぶ「絆（エンゲージメント）」とよびます。

社員と顧客に愛される
ローカルスーパー

　2023年末、久々にニューヨークのマンハッタンに3週間近く滞在しました。ちょっと時間があったのでスーパーがどうなっているか回ってみました。

　ニューヨークのリアル店舗の視察では、高級スーパーのホールフーズ（Whole Foods Market）、スーパー業界3位のターゲット、カリフォルニア発祥で大人気のトレーダージョーズ（Trader Joes）を見て回りました。

　関係性構築のケースとして、私が渡米した日にニューヨークに2店目の店舗をオープンさせたウェグマンズ（Wegmans）を取り上げます。

　ウェグマンズはコダック社発祥の地であるニューヨーク州ロチェスターに本社があります。東海岸だけに展開する100店舗を超える人気のローカル食品スーパーです。客が選ぶ好きなスーパーマーケット調査で、Amazon（ホールフーズ）やコストコを破ってNo.1を3年連続獲得しています。つまり米国で最も愛されるスーパーとして熱烈なファンを持つのです。しかも『フォーブス』誌が選ぶ働きたい企業ベスト100にも毎年ランキングされています。調査コンサルティング会社テムキンが2018年に行ったカスタマー・エクスペリエンス・ランキング

でも並み居る強豪を打ち破ってトップになりました。マーケット・フォースのコンポジット・ロイヤリティ・インデックス（指標）でも人気のトレーダージョーズやアルディを打ち破ってトップ。つまりウェグマンズを愛するロイヤリティの高い顧客のおかげでランキングのトップを占めているのです。

　ウェグマンズの歴史は古いのです。今から100年以上前の1910年代にウォルターとジョンのウェグマン兄弟が創業しました。1950年にウォルターの死去に伴い甥のロバートが社長に、1976年には息子のダニーが社長を引き継ぎ、2005年には娘のコリーンが社長に就任しました。

　要は同族経営で100年以上継続しているスーパーであり、店舗のある地域の人々に愛されているのです。もちろん従業員にも愛されているでしょう。ですから家族経営でもここまで継続できるのです。

　なぜ全米No.1の人気のスーパーなのか確かめたく、2023年10月にマンハッタンにオープンしたアスタープレース店に視察に行ってきました。ニューヨーク大学の近くマンハッタンのダウンタウンにあり、日本レストランも多くある中心街です。近くにはホールフーズもあります。まず入って驚いたのは天井が高く、通路は広く、品数も多く陳列がきれいなこと。1階は総菜が中心で、まるで日本のデパ地下をゆったりさせたようです。

　まず入ってすぐのコーナーは、寿司コーナーでコの字型の陳列ケースの中で多くの米国人職人が寿司を握っています。ほか

のスーパーのようなカリフォルニアロール中心ではなく、エビ、イカ、アナゴ、マグロ、サーモンなどの日本と見間違えるほどの見事な江戸前寿司なのです。ケーキ売り場は圧巻で、色とりどりのケーキのホールがブティックのように陳列されています。

　地下に降りるとそこは生鮮三品です。まず新鮮な野菜と果物の大量陳列とカラーコーディネートの美しさに圧倒されます。ここでなぜ全米一のスーパーなのか分かりました。ほかのスーパーとは全然違うのです。特にニューヨークのスーパーはまず狭い通路で品数が少なく、マンハッタンのトレーダージョーズなどは夕方になると身動きがとれない混雑となり長蛇の列が売り場にできます。またホールフーズ以外は野菜売り場が新鮮ではないのですが、ウエグマンズはホールフーズ以上の新鮮さです。通路が広く大量の商品が山積みされている野菜・果物は青果市場に来たような感じで、買い物が楽しいのです。しかも価格はホールフーズよりずっとリーズナブルです。

　シーフード売り場も圧巻です。SAKANAYA と書いてあり、豊洲市場直送ののぼりや、実演での切り売り、丸魚を買ったお客さんには無料でさばいてくれる日本式サービスまであります。売り場の鮮魚の品揃えを見てみましょう。正面には氷の上に所狭しとサンマが光って並んでいます。豊洲直送の氷台の上に並んでいる魚は、秋刀魚（北海道根室）、金目鯛（鹿児島）、鯖（京都）、太刀魚（宮城）、甘鯛（山口）、鰤（石川）、秋鮭（北海道）など。尾頭付きでずらりと並ぶのです。

中で魚をさばいている日本人と名刺交換をしたところ、なんと100年続く豊洲の老舗「魚力」の職人佐藤部長が直々に3カ月の予定で指導に来ていることが分かりました。ここの鮮魚は豊洲から週2回空輸していて、魚力の刺身グレードだそうです。産地から1日空輸で1日、2日前に獲れた魚なので鮮度は高級料亭と変わらないとのことです。日本人と中国人が主力で、地元のアメリカ人はまだ少ないとのことでした。しかし土日の賑わいはすごいとのことです。

　シーフードグループマネージャーのスティーブさんは日本式魚屋をやる理由として、「東京の魚力とは長い付き合いで互いの技術を出し合ってウエグマンの現在がある。日本文化の歴史は長く、魚は日本の食文化の一部になっている。アメリカではシーフードはまだ数％以下である。伸びる余地がある。だから日本から学びたいと思った。佐藤さんと先生と生徒の関係を築いて109店舗全てが学んでいきたい」と答えています。

　スティーブさんは入社してもう21年になるそうです。彼はこう言います。「最初はただお金のための仕事だった。みんな親切で仕事も続けられた。そして気づいたのだ。もっと学びたいと思ったから。会社はもっと教えてくれる。地位や昇級だけでなく、この会社で知識と教育を望めばたくさんのチャンスを与えてくれる。最初はヨーグルトの陳列のアルバイトだった。今ではおいしい魚を探して世界中を飛び回っている。想像もしていなかったけど今ここで働けることがとても幸せだよ」。

彼の部下であるエイドリアンさんはこう言います。「最初は学生時代のバイトだったけど、働くうちに好きになって今月で11年目になる。最初はサンドイッチ売り場のバイトだった。次は寿司部門に配属された。そこから寿司や魚にすごく興味を持って、ブライアントという指導者が日本の文化やなぜこれはこうするかなどいろいろ教えてくれた。ただ切るだけじゃなくてやり方には意味があるということ。背景に日本の文化や歴史があるということ。日本食や文化がどんどん好きになっていった。この4年間で寿司についてすごく勉強した。Wegmansブルックリン店では寿司部門を任せてもらった。この寿司や魚に対する情熱がSAKANAYAをオープンするきっかけになって佐藤さんの次になるように選んでもらえたのだ。ここは人が辞めたくない職場だ。僕みたいに最初はバイトでも、生涯の職になる人が多いよ。従業員を大切にする素晴らしい会社だよ」と。

　なぜウエグマンズが全米で一番人気があって、しかも働きたいスーパーのNo.1なのかがインタビューを通じてよく分かりました。豊洲の「魚力」との信頼関係があるからこそ全面的な協力をしてくれるのでしょう。また従業員が会社を信頼し、従業員満足が高いから顧客へのサービスの質も高いのでしょう。まさに100年間の関係性構築ができているのです。

　ちなみに、『リーダーズダイジェスト』誌による「最も価値のあるスーパー」2022年版全米No1に選ばれたのは、強豪を抑えウエグマンズでした。顧客に愛され、従業員に愛され、取引先に愛され、地域に愛されている全米1のスーパーなのです。

第 5 章 の ま と め

☑ ブランディングと時を同じくして、顧客関係性マネジメント（CRM）や関係性マーケティングという考え方が起こった

☑ 1990年代に入ると、顧客との関係性構築を中核に据えるCRMや関係性マーケティングが多くの米国企業で導入された

☑ 従来のマーケティングは交換パラダイム。21世紀からは企業と顧客やステークホルダーが関係性を深める関係性パラダイム

☑ CRMの背景には、2割の顧客で8割を稼ぐパレートの法則や、新規顧客獲得コストがかかるようになってきていることがある

☑ ディズニーランドのように顧客の驚きや感動が関係性を深める。顧客との強い関係性構築ができ、太い絆で結ばれると顧客生涯価値も大きくなる

☑ 性能面で決して競合に勝っていない日本のハーレーダビッドソンは、モノを売るのではなくコトを創る顧客との関係性構築で熱烈なファンの獲得に成功した

☑ 情報技術の進展により顧客のデータの管理がより精緻化している。非顧客からトライアルに、リピーターに、さらにロイヤル顧客にするのにデータベース・マーケティングが有効

☑ 社員と顧客に米国で最も愛される東海岸のローカルスーパー・ウエグマンズは、取引先との長年の関係性構築で豊洲直送の日本式サカナヤをマンハッタンにオープンさせた

第 **6** 章

シンマーケ
マーケティングの新潮流と
江戸老舗マーケティング

顧客
の
特定

価値
創造

顧客満足
の
仕組み化

ブラン
ディング

関係性
構築

シンマーケ

理論6
イノベーションの源流理論

　イノベーションという言葉をよく耳にしますが、もともとは
オーストリア出身の経済学者のヨーゼフ・シュンペーター
（Joseph Alois Schumpeter）が使った用語です。20世紀前半の
経済学の巨匠シュンペーターは、イノベーションとは「**価値の
創出方法を変革して、その領域で革命をもたらすこと**」と定義
し、なにも技術革新に限らず、社会に新たな価値をもたらす創
造であればイノベーションであると広く捉えています。

　他の領域での既知のアイデアや方法を自分の領域に持ってき
て新たな価値を生み出す「新結合」も立派なイノベーションな
のです。また新商品や新サービスの創出だけでなく新生産方法、
新しい供給源の獲得、新しい組織の出現、新しい販売経路の開
拓もれっきとしたイノベーションです。

　つまりシュンペーターによれば、イノベーションとは画期的
な技術開発ではなく、既存の技術を組み合わせたり、その技術
に新たな概念やアイディアを掛け合わせたりして活用すること
によって革新的な新しい価値を創造すること全てを含んでいま
す。

　大事なことは、今まで世の中になかった価値あるものを生み
出すことです。しかも既存の延長線上の改善ではなく、世の中
を大きく変える非連続の「新結合」なのです。既述のソニーの

「ウォークマン」やスティーブ・ジョブスの「iPad」がいい例です。

　シュンペーターはイノベーションという概念を発見し、それが経済を循環させると見抜きました。またイノベーションの本質は「新結合」であり、新たなイノベーションを起こす起業家（アントレプレナー）が経済循環の端緒となります。起業家は３つの動機、①人に指図されず自分流を貫きたい自己の夢想、②勝利への強い意思、③創造の喜びに駆られてイノベーションに邁進します。

　銀行が起業家に信用を与えてお金を貸し、そして画期的なイノベーションが生まれます。そのイノベーションを模倣した企業が群生します。それらの新しい事業に投資需要が盛んになり好景気が訪れます。飽和状態になってくるとまた景気が下向きになって、ついには不景気が訪れます。また誰かが既存のイノベーションを「創造的破壊」をして新しい画期的イノベーションを起こすという経済の景気循環の中でイノベーションが重要な役目を起こすと説いています。

　またションペーターはイノベーションには立ちはだかる大きな３つの壁として、①未体験の領域、②既成概念、③社会の抵抗があるといっています。
　未体験の領域では、乗り越えなければいけないさまざまな問題が次から次に立ちはだかります。それを一つ一つ乗り越えるには強い忍耐力と鋭い洞察力が必要となってきます。

既成概念は未知の領域以上にやっかいな壁です。特に社内では今までうまくやってきた常識や考え方が、世の中に存在しなかったモノやコトに挑戦するということ自体に大きな困難が伴います。人間は一般に今までうまくやってきたことには慣れてしまい、その延長線上で活動することに心地よさを感じます。脳科学や心理学のほうではこの状態を「コンフォートゾーン」とよびます。

　近くの医院に行くのをルーティンとして楽しみにしている老人がいたとします。先生が「完全に治ったのでもう来なくていい」と言うと、「それは困る」と心の中で思うのは、まさに待合室でのおしゃべりや先生との会話が心地よいからなのです。

　このような思考回路に陥るとイノベーションを起こす気力もなくなりますし、またイノベーションに挑戦している人への抵抗勢力となります。同じことが社外でも起こります。それが大きくなると「社会の抵抗」となります。それが既得権益と結びつくと、根強い抵抗勢力として大きな壁になります。既存の団体だけでなくそれを守る法律も大きな壁となります。

　どこからでも携帯アプリで民間の優良ドライバーをすぐに呼べ、料金とルートが明確になっているウーバーは日本では運輸省の許可が下りずに使えません。これは顧客側にとっても非常に便利なのですが、既存のタクシー業界とそれを守る法体制が大きな壁となり日本では導入できないのです。

　先日ニューヨークに行ったとき、恐る恐る初めてこのウーバーを使いました。すぐに携帯の画面に「あと何分」で「どう

いう車種」の「どういう運転手」が「いくらで連れて行ってくれる」かを複数の中から選択できるのです。過去のお客さんのその運転手に対する評価も見ることができます。ウーバーのシステムは諸外国で画期的なイノベーションとして普及しているのですが、日本ではまだ業界の抵抗と法律の壁があります。

　社内の抵抗の具体例を挙げましょう。

　かつて圧倒的フィルム業界での世界トップだったコダック社は、フィルムを使わなくても写真が撮れる画期的な新技術として、デジタルカメラをどこよりも早く1975年に開発しました。これはコダックの屋台骨を揺るがすイノベーションだったため、結局社内では日の目を見ませんでした。しかしライバルの富士フィルムやキャノン、ニコンなどのカメラメーカーはこの次世代のデジタル技術に注力し、他業界からも参入が相次ぎました。その結果は皆さんの知る通りです。あの世界帝国のコダックが一時は倒産の憂き目にあったのです。富士フィルムも倒産の危機に瀕し、今までフィルム業界で培った微粒子の制御と品質管理をもって化粧品業界に参入したり、医療の遠隔画像診断などの新規分野に参入したり、他分野との「新結合」をもって大きな成長を遂げたのです。業界のリーダーでも、イノベーションを起こさなければ衰退するのです。

　イノベーション理論は経営学の分野で大きな成長を遂げています。古くは経営学の父ピーター・ドラッカーも、経営にとってイノベーションが重要な機能であると指摘しています。

経営の目的は「顧客創造」ですが、それを達成するには車の両輪のように「マーケティング」と「イノベーション」が必要であると指摘し、イノベーションの7つの源泉とイノベーションの体系化をしました。シュンペーターがイノベーションの発見者ならば、ドラッカーはイノベーションの発明者といえるでしょう。

　それまでイノベーションは天才的なひらめきによって偶発的に起きるものと思われていました。一過性で終わらせず、イノベーションに再現性を持たせるため、ドラッカーは『イノベーションと企業家精神』（ダイヤモンド社）を著しています。

イノベーションの起こし方

　ではどうすればイノベーションは起こせるのでしょうか。

　まず社会や経済などの変化に着目することです。ドラッカーは、イノベーションを起こすために着目すべき変化として次の7つの機会を挙げています。①予期しない変化、②ギャップの存在、③ニーズの存在、④産業構造の変化、⑤人口構造の変化、⑥認識の変化、⑦新しい知識の出現です。

　このうち最も重要なのは①の予期しない変化でしょう。予期しない変化もさらに「予期しない成功」「予期しない失敗」「外部の予期しない変化」の3つに分類しています。

　予期しない成功は、すでに右肩上りの需要があるので成果は大きいです。予期しない失敗はイノベーションを起こすチャンスでもあります。隣接する業界での予期せぬ変化は、新たなイ

ノベーションを産む好機でもあります。

　例を挙げてみましょう。米国の 1970 年代半ばのコンピューター業界は巨象 IBM の大型メインフレームの天下でした。しかし機能ははるかに劣り互換性にも欠き高価格のパソコンが登場しましたが当初は売れませんでした。これに目をつけ隣接業界からパソコンを進化させて参入して業界地図が激変しました。結局 IBM 帝国は新興勢力のパソコンパワーに崩れていきました。この辺りの経過を詳しく知りたい方は、IBM の奇跡の復活を遂げさせた IBM 元 CEO のルイス・ガースナー（Louis V. Gerstner）が書いた名著『巨象も踊る』（日本経済新聞社）を読んでみてください。

　1950 年代、扱いの少なかった家電商品が売れ始めました。このときの婦人服中心の百貨店、ブルーミングデールズ（Bloomingdale's）とメーシーズの対応が対照的でした。ブルーミングデールズは予期せぬ成功で顧客を分析し、家電と家具が中心のお店に転換しました。一方メーシーズは婦人服中心の百貨店の伝統にこだわりました。結果、ブルーミングデールズは業界 2 位に進出しました。
　このように予期しない成功を分析して、新しい販売方法や形態にすることもイノベーションの一つなのです。

　ドラッカーはイノベーションのサイクルについても言及しています。企業が存続していくためには、7 つの機会を捉えて柱

商品や事業が陳腐化する前にイノベーションを起こす必要があります。画期的なイノベーションを狙うより、小さなアイデアでもいいから確実にイノベーションを起こし続けることが大事です。

　つまりは進化していくことなのですが、結局はいずれノベーションも陳腐化します。そこで新たなイノベーションを起こさなければいけません。「イノベーション」→「進化」→「陳腐化」→「イノベーション」のサイクルを回していかなければならないのです。

　さらに、イノベーションを起こす5つの原理を示しています。

　①イノベーションの「7つの機会」を分析する
　②実際の現場で顧客や利用者を観察する
　③イノベーションの焦点を絞り、単純化する
　④小さくスタートする
　⑤やるからには必ずトップを狙う

　また、イノベーションの戦略には4つあり、状況や立ち位置に応じて複数を組み合わせると有効性が高まります。

　①総力戦略：自社の持つ全ての経営戦略を投入する総攻撃。大きなリスクとの背中合わせでもある。
　②ゲリラ戦略：他社が起こしたイノベーションにうまく乗って成功を収める相手の弱み攻撃。これはさらに「創造的模倣戦

略」と「起業的柔道戦略」の２つに分かれる。かつての松下電器（現パナソニック）は、ソニーなどが起こしたイノベーションを研究して、顧客視点に立った使い心地のよい類似商品を開発する創造的模倣戦略をすぐに採用。日本のキヤノンも複写機メーカーの巨人米国ゼロックス社の隙を突いて、性能では大きく劣る個人用の小型複写機で成功。この戦略は最もリスクも少なく成功もしやすい戦略である。

　③ニッチ戦略：①②の戦略は大きな市場でトップを目指す考えであり、③は限られた市場を独占する戦略。限定的市場で専門性を活かし独占的で高収益を狙う。

　④顧客価値創造戦略：顧客視点に立ち、モノではなく顧客価値を提供する戦略（第２章参照）。

　日本からも世界にイノベーション理論が発信されています。日本の経営学の重鎮、一橋大学大学院の野中郁次郎教授が提唱した「SECI（セキ）モデル」があります。キーワードは「**暗黙知**」です。企業には、言葉や数学的表現に置き換わる「形式知」と、個人的な価値観や経験値に基づく言葉に表せない「暗黙知」があると見抜きました。この**暗黙知こそがイノベーションの源泉**なのです。

　特に1970年代から80年代にかけての日本の自動車メーカーや家電メーカーが生み出すイノベーションは、暗黙知をうまく組織に伝えるプロセスにあると見抜きました。具体的には次の４つのプロセスが循環します。

①共同化：個人の暗黙知をグループ内に伝え共有化するプロセス

②表出化：共同化で得た暗黙知を言葉に換え形式知に落とし組むプロセス

③連結化：得た形式知を既存の形式知と組み合わせて、新しい形式知を生み出す過程

④内面化：新しい形式知を一人一人暗黙知にする過程

　この4つのプロセスの英語である Socialization、Externalization、Combination、Internalization の頭文字をとって SECI モデルと名づけられました。

　従来のマネジメントスタイルは、トップからの「トップダウン」と現場からの「ボトムアップ」でしたが、SECI モデルではミドルマネジメントの役割が重要になります。ミドルが現場の暗黙知を形式知に換える手伝いをし、またトップからのイノベーションの方向性を現場に落とし込んで、ミドルが SECI モデルをうまく回るような潤滑油の役割を担います。

イノベーション理論の新潮流

オープン・イノベーション

　通常、企業のイノベーションは社内の保有するアイデアや技術を駆使して行うものでした。しかし、ライフサイクルが短くなったり、競争が激しくなったりしてくるとイノベーション開発もスピードが求められるようになってきました。このような状況の中で2003年にカリフォルニア大学バークレイ校のヘンリー・チェスブロウ（Henry Chesbrough）教授は「オープン・イノベーション」を提唱しました。

　これは知識や技術を外部からオープンに取り入れたり、また公開したりすることで早期にイノベーティブな商品やサービスを開発しようという考え方です。

　例えば、花王は今まで開発、原料調達、生産、販売までのバリューチェーンを一貫して自社で行ってきました。しかし、2021年から「皮脂RNA」を活用した研究開発で、名古屋大学発のベンチャー企業と共同して開発をするようになりました。この背景には新領域での事業立ち上げにおいて、特定分野に強い組織とオープン・イノベーションをする必要に駆られたものと思われます。

資生堂も 2017 年から顧客の生体データに基づいたサプリメント開発を行うドリコス株式会社とオープン・イノベーションの共同提携契約を結んでいます。

バリュー・イノベーション

　フランスのビジネススクール欧州経営大学院で教鞭をとるチャン・キム（W.Chan Kim）教授とレネ・モボルニュ（Renée Mauborgne）教授は 2005 年に『ブルーオーシャン戦略』（ランダムハウス講談社）を著し、世界 100 カ国以上で翻訳されるベストセラーになりました。この本は激しい競争の血の海の市場の奪い合いではなく、競合の誰もいない未開拓の青い海市場を創造しなさいという内容です。この考え方の基本には「バリュー・イノベーション」があります。

　バリュー・イノベーションとは、**コストを押し下げながら、顧客にとっての価値を高める状態を目指しています**。つまり低コスト化と付加価値向上を同時に実現できるビジネスを構築するのです。

　具体的な事例を見てみましょう。2006 年に発売された任天堂のゲーム機 Wii。当時は PS3 や Xbox360 などが性能の高い実写のようなきれいな映像を競っていました。ゲーム人口を増やすには家族、特にお母さんにゲームを嫌われなくすることが必要だと任天堂は考えました。そこで、お母さんが嫌うもの、喜んでくれるものを考えました。

- 減らす：画質の良さ、性能スペック、消費電力
- 取り除く：ハードディスク、DVD 再生機能
- 増やす：操作を簡単に直観的にする
- 付け加える：家族全員で楽しめるゲーム

そこでできたのが、本体をできるだけ小さくし、電気代は安く、価格もぐっと抑えたゲーム機です。Wii の CM ではお母さん、お父さん、おばあちゃん、おじいちゃんが一緒に楽しくプレイする家族風景を流しました。2017 年には、据え置きゲーム機の中で最も多く売れました。

リバース・イノベーション

従来、イノベーションは新興国市場からは生まれず、富裕国市場から生まれると考えられていました。この考えをひっくり返したのがダートマス大学教授のビジャイ・ゴビンダラジャン（Vijay Govindarajan）です。

今後、グローバルビジネスでますます存在感が増すと考えられる新興国市場でイノベーションを起こせれば、それを先進国市場に還流させることも可能です。もしそのことに成功すれば、これまで獲得することが難しかった顧客を取り込めることになり、業界地図を塗り替えることになります。富裕国での成功体験が新興国でのイノベーションを起こすのに邪魔になります。ゴビンダラジャン教授は新興国からのイノベーションを起こし先進国に還流させるこの考えを「リバース・イノベーション」

と名づけました。

　事例を見てみましょう。新興国ではまだ電気が通っていない
地域がたくさんあります。ここに目をつけて省電力の LED を
使った太陽電池式のソーラーランタンの開発にパナソニックは
着手しました。ミャンマーの電気の通っていない村に社員が実
際に住み、生活に密着することから始めました。すでに中国製
などの 1,000 円程度のランタンはあったのですが、品質が悪く
4、5 カ月しかもたないものでした。

　村人の不便を解消するため、村人のニーズを確かめるゼロか
らの出発でした。その結果、現地の人の要望に応え、省電力で
明るいソーラーランタンに USB 端子経由で携帯電話を充電で
きる機能を加えた商品の開発に成功しました。このソーラーラ
ンタンは東日本大震災の際には被災地で採用され活躍しました。

破壊的イノベーションとイノベーションのジレンマ

　イノベーション理論といえばこの人ありとも称される、ハー
バード・ビジネススクールのクレイトン・クリステンセン
(Clayton M. Christensen) 教授は 1997 年に『イノベーション
のジレンマ―技術革新が巨大企業を滅ぼすとき』(翔泳社) を
著しました。

　この本で、なぜ大企業ではなく中小企業やベンチャー企業な
どの新興企業からイノベーションが生まれるのか、なぜ市場を
支配する大企業が対抗策を打たずにやすやすと新興企業の攻勢

を許してしまうのかの疑問に答えてくれました。

　クリステンセン教授によると、イノベーションには次の２つがあると指摘しています。

- 既存商品の改良改善を進める「持続的イノベーション」
- 既存商品の価値を否定してしまう価値を生み出す「破壊的イノベーション」

　多くの大企業は持続的イノベーションを繰り返しながら今の地位を築いてきたので、破壊的イノベーションに遅れをとりがちなのです。

　たった数人からスタートしたベンチャー企業が市場のリーダー企業を打ち負かした事例を見てみましょう。
　2010年代の中国の携帯電話市場は急成長を遂げていましたが、2014年の第２四半期に異変が起きました。トップ企業だった韓国のサムソン電子が前年同期比15%減と急変したのに対し、新興勢力のシャオミが前年同期比240%を記録し首位に躍り出たのでした。なんと価格はiPhoneの５分の１程度の低価格です。
　シャオミは、MicrosoftやGoogleなどに勤務していた技術者数人が集まって2010年に始めたスタートアップ企業です。自社内設計にこだわり、最新技術の部品を調達し高品質を目指しました。品種を絞り込み、商品のライフサイクルを長くする工

夫をするなど、徹底的なコストダウンを目指しました。リーダー企業はこの新興企業に対して価格対応するものの、コスト体質を急には変えられずトップの座を明け渡してしまいました。

この破壊的イノベーションのメカニズムを説明しましょう。
リーダー企業は市場のハイエンドで求められるニーズや性能に応えるように持続的イノベーションをさらに進め、ついには市場のハイエンドのニーズや性能を超えてしまいます。
一方、市場のローエンドで求められる性能を満たさないところからスタートアップ企業が低価格の破壊的イノベーションで参入します。破壊的イノベーションの進歩でローエンドに求められる性能を低価格で超えてしまいます。リーダー企業の持続的イノベーションは陳腐化し、破壊されます。このメカニズムが中国のスマートフォン市場でも起きたのでした。

また、破壊的イノベーションはさらに2つに分類されます。今までにない新たな市場を切り開いていく「新市場型破壊」と、既存市場の顧客の中でローエンドの顧客を奪っていく「**ローエンド破壊型**」に分かれるとクリステンセン教授は指摘しました。

最後に、最先端経営学のイノベーション理論について一言触れましょう。『ビジネススクールでは学べない世界最先端経営学』（日経BP社）、『世界標準の経営理論』（ダイヤモンド社）などの書籍を執筆し、米国の2つのビジネススクールで教鞭をとり、日本に帰ってきて早稲田大学ビジネススクールで教えて

いる入山章栄教授の講義を直々に受ける機会に恵まれたことがあります。

　先生は冒頭で、「日本に帰ってきて大企業のトップの方とお会いすると必ず出る質問がある。それはどうして我が社にはイノベーションが起きないのか、という質問である」と話していました。

先端イノベーション理論—「両利きの経営」

　日本ではイノベーション理論といえば先のクリステンセン教授の「イノベーションのジレンマ」が有名ですが、入山章栄先生は、「世界の経営学者の間で最先端のイノベーション理論の基礎は、右手と左手をバランスよく使う **Ambidexterity** という概念にある」と断言されていました。先生はこの英語を「**両利きの経営**」と訳され、それが日本では定着しました。

　この分野を以前から研究してきたスタンフォード大学のチャールズ・オライリー（Charles A. O'Reilly）教授とハーバード・ビジネススクールのマイケル・タッシュマン（Michael L. Tushman）教授、それに入山章栄教授も加わった『両利きの経営』（東洋経済新報社）が2019年に日本でも発売され、翌年のビジネス書大賞の特別賞を受賞しています。

　「両利きの経営」とは、まるで右手と左手がうまく使えるように「**知の探索**」と「**知の深化**」をバランスよくとる経営のことです。知の探索とは、自社の既存の認知を超えて遠くに認知を

広げていこうとする活動です。知の深化は自社の持つ一定分野の知を継続して深堀りし、磨き込んでいく活動です。この2つのバランスをとることが重要なのです。

イノベーションの源泉は「既存の知と別の既存の知の組み合わせ」にあります。どこかで聞いたことのある考え方ですね。そうです。80年以上前にシュンペーター教授が提唱した「新結合」と同じです。

大企業や中堅企業から イノベーションが生まれない理由

では、どうして成熟した大企業や中堅企業からイノベーションが生まれないのでしょうか？　入山先生はこう言います。「イノベーションの起点は新しいアイデアであり、それには既存の知と知の新しい組み合わせが必要となります」と。

例えばトヨタのあの有名な「かんばん方式」の生みの親である大野耐一氏は、米国のスーパーマーケットの仕組みを知って思いついたと言っています。成熟した企業や歴史の長い企業は目の前の知と知の組み合わせをやり尽くしています。

知の探索は時間がかかり、無駄に見えることもあります。そのため、企業はすぐに利益を生みやすい知の深化に偏り、イノベーションが起きにくくなるそうです。このような知の深化への傾斜は短期的な効率性は良いのですが、結果として知の範囲

が狭まり、中長期的なイノベーションを起こしにくくします。これを「サクセス・トラップ」（成功の罠）とか「コンピテンシー・トラップ」（優れた成果の罠）とよびます。

イノベーションが出にくいという点でクリステンセン教授の「イノベーションのジレンマ」に似ていますが、そちらは経営トップの考え方や資質にその原因があります。サクセス・トラップは、経営者というより会社の組織に原因があるとみて現在世界の経営学者が研究を続けている最中です。ただ新規の開発部門は、社内での独立性を持たせるか本社の組織から外したほうが大きなイノベーションに結びつきやすいようです。

江戸の商売繁盛と
イノベーションの萌芽事例

　これまで、イノベーションの理論を源流から新潮流まで早足で概観してきました。イノベーションとはゼロから生まれるものではなく、既知の知識や別の既知の知識やアイデアを組み合わせる、世の中を変える「新結合」だとシュンペーターは定義しました。

　ドラッカーはイノベーションについて、天才のみのヒラメキではないと指摘し、大系化しました。

　クリステンセンは持続的イノベーションと破壊的イノベーションがあると見抜きました。成功したリーダー企業は持続的イノベーションを追求しがちであり、新興企業の低価格で全く新しい破壊的イノベーションを許してしまいがちで、これを「イノベーションのジレンマ」とよびました。

　最近のイノベーションの潮流としては、新しい領域のイノベーションを起こすため、大企業でもオープン・イノベーションを採用するようになってきています。また最新のイノベーション研究では、「知の探索」と「知の深化」の両方をバランスよく追求する経営、つまり「両利きの経営」が世界のイノベーションの最先端となり、両利きリーダーシップや両利き組織が研究されています。

いずれにせよ、企業経営を永続させるには環境変化に応じてイノベーションを起こしていかなければなりません。世界の長寿企業を見ると圧倒的に日本に多いのが分かります。理論や考え方の堅い話が続いたので、次は全く視点を変えて、江戸時代の永続する商売をイノベーション視点から見てみましょう。

事例 江戸時代の商売繁盛とイノベーションの萌芽

　江戸時代初期、江戸はまだ人口も少ない地方の一都市でした。徳川家康の一大都市計画構想によって江戸城築城、河川の治水、埋め立て、運河、水道工事、江戸の区割りが進められ、3代家光のころには江戸の町として発展し、5代将軍綱吉以降の18世紀初頭には世界随一の100万都市になりました。その内訳は町民50万人、武士50万人と大まかに考えられています。

　江戸の面積の2割未満の地域にしか町人は住めなかったので、町人の人口密度は高かったと推定されます。それを解消したのが極狭の長屋住まいです。
　裏長屋は共同のトイレ、洗い場、井戸を持つ狭い元祖シェアハウスです。間口3尺（2.7メートル）×3間（約3坪）が基本でした。入ってすぐの土間には火口が2つで土のかまどが2つついていました。あとは本当に申し訳程度の台所です。上がりは畳の6畳一間の狭さです。

　江戸の町人をターゲットにした食周りの基本商売といくつか

のイノベーションの萌芽事例を見ていきましょう。

　庶民生活の不便には商売のタネが転がっています。江戸は庶民の不便を解消する商売が花盛りでした。食周りでは何が不便かというと、狭くて調理スペースが少ないことと火口が２つなので、一つは飯炊き釜に使い、もう１つは味噌汁用の鍋に使うと、飯時は火口が埋まっていました。

　この不便に目をつけた天秤棒を担いだ行商が盛んで、おかず用の魚屋、八百屋、豆腐屋は無論、おかずだけを売り歩く煮売り、お総菜、みそ汁の具の刻んだ豆腐や薬味、シジミ売りなどが長屋までご飯時には売りに来ました。まさに江戸の出前コンビニです。

　また火事を恐れる長屋に風呂はご法度なので、各町に湯屋（風呂屋）がありました。江戸っ子は湯屋好きで一日に何度も入るヘビーユーザーもいたので、首からかける湯札もあり、１カ月に何度でも入れる、今でいうサブスクの原型のようなものもありました。湯屋の２階は別料金で煙草を吸ったり、将棋を指したり、歓談をしたりするコミュニケーションスペースとなっていました。

　江戸の初期には外食はなかったのですが、都市造りが落ち着いてくると居酒屋が出現します。

元祖居酒屋　豊島屋

　豊島屋の創業は古く、安土桃山時代の 1596 年に初代豊島屋

十右衛門が神田鎌倉河岸に酒屋を開いたのが始まりです。創業から100年以上がたった1736年ごろに酒の肴も提供する商売を始めました。

　8代将軍吉宗が行った「享保の改革」がほころびはじめ、江戸には不景気風が吹いていました。このときの豊島屋店主も同じ名の十右衛門でした。彼はお酒だけを売るのではなく、お酒に合う簡単な酒肴も売ろうと考えました。男だけが酒を楽しむのではなく、女性も気軽に楽しめるようにと白酒を売り出し評判をよぶなどアイデアマンでした。

　肴はおいしいだけでなく、原価割れの低価格で売り出しました。居酒屋がまだ一般的ではなかった当時、まさにローエンドのニーズを低価格で狙った「破壊的イノベーション」を起こしたのです。庶民の評判をよび、元祖ともいえる行列店となり、町人だけでなく武士もお忍びで通う爆発的な人気となりました。

　いくら酒屋で酒が出るからといっても、食事が原価割れでは長くは続かないのではと同業の酒屋には思われていましたが、豊島屋の勢いはとどまることを知らず、旗本や大名の調達も受けるようになり、ついには幕府御用達にまで成長しました。一体、どこにイノベーションの仕組みがあったのでしょう。

　自家製豆腐の味噌田楽の大きさが特大で、しかもおいしく、当時としては1本2文（約30円）と格安であったこと、お酒も売価に近い安さでしたので家で飲むより庶民にとって価値とベネフィットがはるかに大きかったのです。利益モデルでいうとお酒や肴は赤字でも、ほかに稼ぐ利益ポイントがあったので

した。

　甘辛い田楽味噌は喉が渇くのでその分お酒も飛ぶように売れます。お酒も樽酒で大量に買い込み、空になった木樽を売って利益を稼いでいたのです。江戸はリサイクル社会だったので、酒樽は高く買い取られたのでした。

　余談になりますが、明治になっても豊島屋はのれんを守り続けました。関東大震災と東京大空襲で二度もお店を焼かれましたが、現在は千代田区猿楽町に移転しています。いまだに屋号とのれんを永続させているのです。

　400年間続いているのは、豊島屋十右衛門の江戸時代の家訓のおかげかもしれません。「人より内輪に利得をとりてよく得意となるべし」。現代風に意訳をすれば、「（売り上げを上げても回収できないならば損になるから）よいお得意さまをつくりなさい。そのためには儲けようとは思わず利益を少なくしてもお得意さまの信用を得なさい」といったところでしょうか。

江戸前寿司のイノベーション

　江戸はファストフードのはしりの屋台文化が花開きました。鰹節と濃口しょうゆが発明されそばつゆがおいしくなり、落語の時そばにも屋台の二八蕎麦屋が登場するように、そばは早くから人気がありました。価格は16文で大体240円ほどです。「四文屋」60円均一やその四文の倍数価格の屋台もあったようです。天ぷらも最初は屋台でした。

寿司はフナやアユを米飯と一緒に発酵させた「熟れずし」が
はじめです。これは奈良時代の高貴な方々の食べ物でした。し
かしこれは小魚でも発酵させるのに数カ月かかりました。

　時代が下り江戸の中期になると、発酵させずに酢飯を使った
「早寿司」が開発されました。この酢飯を木の箱に詰め上に魚
を乗せて押す「箱寿司」が考案されました。寿司といえばこの
箱寿司が続きました。お米を酢酸菌で発酵させた米酢も砂糖も、
当時決して安い値段ではありませんでした。

　半田の中野酢店（現ミツカン）が酒を絞った残りかすの酒粕
を発酵させて作った「粕酢」を開発しました。酒粕のコクと甘
みが残る粕酢は画期的な製法でしかも安価なので江戸の庶民の
味方でした。

　シュンペーターは新しい原料調達もイノベーションになりう
ると示してくれましたが、このお酢は色から別名「赤酢」とも
よばれ、ほのかな甘みが砂糖を使わずに寿司飯に向いていまし
た。この赤酢飯を握ってその上に江戸前で獲れるコハダ、車エ
ビ、アナゴ、白魚、アワビ、マグロの漬け、玉子焼きなどを載
せて食べる江戸前寿司が文化年間（19世紀初め）に発明され
ました。誰が発明したのか定かではありませんが、「与兵衛
鮓」の初代華屋与兵衛がヒットさせたと考えられています。

　江戸の最後の50年間で江戸前寿司は大流行しました。この
江戸前寿司も屋台から初まり、目の前で握ってくれる速さがせ
っかちな江戸っ子の気性に合ったのでしょう。

海運業を幕府から任された河村瑞賢

　河村瑞賢は江戸の海運業を切り拓いた英雄です。瑞賢は1618年に伊勢の農家の長男として生まれました。13歳のときに当時建築ブームで沸いていた江戸に出て、大八車を引いて建築資材を運ぶ仕事をしていました。瑞賢は大きな夢を見ていましたが、地盤、看板のない瑞賢にチャンスはなく不遇な青春時代を送ったのです。

　江戸は諦め、上方に戻ろうとしていた瑞賢が小田原宿で泊まると、変な老人に出会いました。瑞賢の骨相を見て、「今は上方より江戸、あなたは江戸で成功する相だ。一度ここで死んだと思って明日から頑張りなさい」と言われました。

　翌日江戸の品川宿の海岸に来ると、たまたま7月の盂蘭盆会のあとだったので、海岸にたくさんのお供えの野菜が打ち上げられていました。この野菜をかき集めて漬物にして工事人夫たちのお弁当の付け合わせに売りに出しました。これがヒットしたのです。原価はただに近いから多くの利益が出ました。

　その後、工事関係者に指図している役人と知り合い人夫頭となりました。徐々に資産を増やし霊岸島で材木商を営むようになりました。明暦の大火で江戸の大部分が焼け落ちると自分の家が燃えるのも顧みず、木曽の木材の仕入れ先に飛び、大量の木材を買い付けました。そして購入予約した木材全てに「江戸

川村瑞賢用木材」の焼き刻印を押していきました。あとから江戸の木材商が来てもあとの祭りでした。こうして材木商として機をみた素早い行動で巨万の富を築きました。瑞賢は各方面の要人に取り入ることに巧みで、大名や幕府の重臣にも信任を得ていきました。そして御用商人として日光東照宮の木材の調達も手がけました。

　瑞賢の才能を高く買った幕府は、陸奥の天領米の流通開発という重要で困難な課題解決を幕府自らではなく一民間人のしかも得意分野の材木ではなく米の輸送を瑞賢に依頼したのです。このとき瑞賢は江戸時代としては高齢な50代半ばに差しかかっています。

　江戸の人口が増え、しかも明暦の大火後は江戸に天領から米を運ぶ必要に駆られました。東北の天領から米を運ぶには圧倒的に陸路より海路のほうが便利でした。例えば千石の米を運ぶには陸路では馬が1,250頭、馬子も同数必要です。千石船を使えば1艘の船で済み、乗組員も15、16人です。

　陸奥の天領米を運ぶための安全、迅速、できるだけコストを下げた航路を開発せよとの幕府の厳命に対して瑞賢はどのように挑戦したのかを見てみましょう。

　シュンペーターは、イノベーションを大きく阻む壁として、①未体験の領域、②既成概念、③社会の抵抗の3つを挙げていました。この難題はその3つ全てにあてはまるのです。

　通常は阿武隈川河口の荒浜にまず運び、そこから海路で常陸

の那珂湊に運び、そこからは河船に積み替えて、江戸へ回送されていました。しかも江戸の有力商人に一括して請け負わせていました。瑞賢はいろいろ調べ、どこの航路が安全でどの船を誰に頼めばいいか周到に事前準備をしました。

　瑞賢は那珂湊で積み替えずに大型船で一気に荒崎から江戸へ、さらに危険な波の荒い銚子付近を迂回し直接海流に乗って三崎もしくは下田に寄り、そこから江戸に向かう航路を開発しました。しかも大型船や江戸への航路に慣れている伊勢や尾張方面の廻船を雇い入れることでコストの削減を図りました。

　この新航路は大成功を収め、コストも日数も共に半減させるという偉業を成し遂げました。これはまさに「バリュー・イノベーション」でレッドオーシャンをブルーオーシャンに変えたのでした。

　これ以後、仙台藩をはじめとする太平洋側の諸藩もこの航路を用いることにしました。

　この成功に続いて瑞賢は新しい西回り航路も開拓しました。一民間人が開発したこの東周り航路と西回り航路がその後の江戸時代の大動脈となったことは言うまでもありません。

ドラッカーが認めたマーケティングの
原点、三井越後屋のイノベーション

　冒頭に述べたようにマネジメントという言葉を発明した経営学の父、ピーター・ドラッカーをしてマーケティングの原点は江戸時代の三井越後屋にありと言わしめたのです。ではドラッカーにどうしてそこまで言わしめたのでしょうか。

　三井家の始祖、三井高利は伊勢国松坂の4男として生まれました。祖父の三井越後守高安は近江の武士でしたが、主君の佐々木氏が織田信長に滅ぼされ、松坂に逃げて来たのでした。父は武士を捨て商人となり、質屋と酒屋を営んでいたといわれています。母が商売に向き父なきあとも店は繁盛しました。母は常に立場の弱い人を大切にするようにという人格者でした。長兄が江戸に三井越後屋を出店していて、末っ子の高利が14歳の時に江戸の長兄の店に丁稚に入りました。高利はすぐに商才を発揮しお店の成長をあと押ししました。

　兄は高利の才能を警戒し、母が病気だから伊勢に帰って面倒を見なさいと体よく松坂に追い返してしまいました。松坂に戻った高利は、大名や農家への貸し付けや米の売買による金融業を営んで自分の思う通りに江戸で新しい商売をやってみたい夢に向けて資金作りに励んでいきました。母の立場の弱い人を大

切にする教えを江戸で実現しようとしていたのです。武士向けではなく庶民のための商売に徹する夢です。高利は子宝に恵まれ、10男5女に囲まれました。上の男子3人と優秀な従業員を江戸の長兄のお店に送って修行させました。来たるべき時期に備えたのでした。

　1673年に長兄俊次が急死しました。高利はすでに52歳でした。もう誰に遠慮することもないのです。高利は江戸の本町一丁目に間口9尺（2.7メートル）の念願だった呉服店を開きました。同時に京都に飛んで仕入れ店も確保しました。当時の呉服商人は、京都で仕入れ店を持ち、江戸に販売店を持つ「江戸店持京商人」が理想だったのです。

　当時の呉服商の商習慣と江戸でうまくやっていくルールともいえる商常識について見てみましょう。

　呉服商はお江戸日本橋辺りの目抜き通りに大店を構え、大名や旗本の武士を対象に、得意先の屋敷に出向き商品を販売する「屋敷売り」が主流でした。商品は生地の反物売りでした。顧客の要望をよく聞き好みの反物をいろいろそろえて必要なときに屋敷に来てくれるメリットがあります。いろいろ見比べて選んだ反物を、客の寸法を計り後日仕立てて持ってきてくれる商売です。富裕層へのフルサービス御用聞き商売だったのです。

　江戸時代になり平和が訪れ大名や旗本の奥方やお嬢さんにとって絹の着物はたいそうな人気でした。仕立てるのにも時間がかかりますし、当時の商売は原則掛け売りでした。掛け売りは、年2回盆と暮れの掛け払いが江戸の商売の基本でした。現金化

が遅れるため、商人にとっては資金の回転が悪く、貸し倒れの
リスクがつきものでした。そのリスクが商品価格に反映され、
呉服は庶民には手の出ない高価格となっていました。庶民は大
事に着物を着て縫い直したり、古着商で古着を購入したりして
いました。ではなぜ高利の商売はマーケティングの元祖といわ
れたのでしょうか。

　その答えは、マーケティングの基本ともいえるＳ・Ｔ・Ｐと
４Ｐフレームを世界で初めて実行していたからです。まずは
ターゲティングです。呉服商の常識を破り顧客は武家ではなく、
庶民対象にしました。ポジショニングも明確にほかの高級呉服
と違って「店前売り」の適正価格商売に徹しました。４Ｐは明確
な差別化をしました。プロダクトは、一般常識だった反物売り
をやめ、端切れや希望の長さの裁断売りでした。今まで時間の
かかっていた仕立てをやめ、「即時仕立て」も実施し、今でい
う既製服の吊るしもいくつか用意してビジュアルに仕立てイ
メージが分かるようにもしました。
　プライスは「掛け売り」から現金掛け値なしの「現金正札販
売」という革命的といえる定価格制度に固執しました。これに
は同業他社も腰を抜かすほど驚いたでしょう。販売方法は御用
聞きから店売りに徹しました。
　プロモーションは、当時としては珍しい広告を重視し、駿河
台に店舗を移してからは引き札（今のチラシ）を江戸中に配っ
て当時としては常識破りの広告作戦を展開しています。
　一説によると５万枚といわれていますから、江戸の町人の１

割に配った見当になります。

　また、ブランディングもしっかりやっています。越後屋のロゴマークの入った番傘を無料貸し出しして不意の雨に困った町人に喜ばれています。三井のロゴの入った番傘が江戸市中に出回る宣伝効果は少なくないでしょう。これは今風にいえばシェアリングのはしりでしょうか。駿河町に店を大きくして移してから、ブランドロゴの変更をします。現在の丸に井桁マークの中に三井の「三」が入ったあのロゴです。お店の壁に紺の布にブランドロゴを染め抜いた暖簾をずらりと並べてお店の注目度は抜群です。先祖から受け継いだブランドロゴを変更するのはさぞや勇気が要ることだったでしょう。

　では本題のイノベーション視点から高利のやったことを整理しましょう。シュンペーターはイノベーションの定義を広義に捉え、新商品・サービス、新生産方法、新販売方法、新組織、新原料調達もイノベーションに挙げていますが、高利のやったことはこのどれにも当てはまるのです。
　例えば、組織とモチベーション育成には高利は人一倍気を使いました。真面目に取りくみ実績を上げた従業員には今でいうボーナスを配りました。貢献した従業員に最高1年で50両を出したともいわれています。
　また全体会議を1日、15日、28日の月3回実施し、商売に関する提案や反省を討議し活発な意見交換の場としました。一生懸命お店に長く貢献した者には独立を支援したりもしました。

暖簾分けです。

　これは優秀な従業員が独立してしまうのですが、別の見方をすれば三井越後屋の系列会社が増えるのですから、長い目で見て決して悪い話でもありません。

　シュンペーターは起業家がイノベーションを起こす際の３つの壁として、未知の領域の壁、常識の壁、社会の抵抗を上げましたが、高利はどれをも乗り越えたのでした。高利は呉服商の当時の常識であった商習慣を全て否定し徹底的な顧客志向に立って、クリステンセンのいう低価格での「破壊的イノベーション」を実行したのでした。この結果、庶民の絶大な人気を博しましたが、同業者の妨害は想像以上で火事になったのを機に駿河町に移転しました。

　このような世の中を変える不連続の「破壊的イノベーション」で江戸の庶民に一大旋風を巻き起こした高利ですが、商品の顧客価値は高いものの、従来の反物仕立ての訪問販売に比べれば着物の品質は劣っていたと想像されます。

　しかしその後高利は、「持続的イノベーション」を不断の努力とアイデアで改良、継続するうちに品質も向上していきました。最終的には訪問販売を上回る品質になったと思われます。

　ドラッカーは、「イノベーション」→「進化」→「陳腐化」という循環を起こすのでイノベーションの陳腐化が起きる前に新たなイノベーションを起こす必要があると指摘していますが、高利は別の分野で世の中を変えるイノベーションを起こしてい

るのです。

第2のイノベーション、
第3のイノベーション

　江戸時代の貨幣は、銅銭、銀貨、金貨が混在していました。高額取引では大阪は銀貨、江戸は金貨が主流でした。当時の呉服商は仕入れは京都で行っていましたので、仕入れは銀貨で支払い、江戸の販売は金貨の売り上げを手にするという構図でした。しかし大金の金貨や銀貨を持参して東海道を往復するのは盗難のリスクもつきものでした。しかも金貨と銀貨を交換するには大阪の両替商に手数料を払わなければいけません。ここに高利は目をつけました。

　高利62歳のときに駿河町に店舗を拡大して移転しました。このとき両替商にも進出し、東側を従来の呉服商、西側を新たな両替商としました。西側が後の三越、東側が後の三井銀行の原点です。1986年65歳の時、京都に仕入れの店がありましたが、ここでも両替商を始めました。こうして京都と江戸の両方で両替店を持つことになりました。

　ここで高利が目をつけたのが東西で貨幣の両替の煩わしさと為替差益です。そして考え出したイノベーションは、両替商は単に両替だけの商売ですが全く新しい機能と商売を始めたのです。日本初のお金の預かり、貸し付け、送金業務です。つまり、後の銀行業務を考え出したのです。

　例えば江戸の商人が江戸の三井に金貨を預け、手ぶらで京都に行き銀貨で引き出し、仕入れをする。またほかの商人が京都

で売り上げれば、それを東京に送金する。また江戸の売り上げ
を京都に送金することが可能になったのです。まさに銀行業務
を手がける画期的イノベーションを起こして、三井は大儲けす
るのです。

　実は、幕府も各藩から上納金を徴収する際、この貨幣制度の
違いに困っていたのでした。西日本で年貢米や産物が集まるの
は天下の大阪ですからそれを銀貨から金貨に両替し、数十日か
けて江戸に現金輸送していたのです。東京で呉服を販売して得
た金貨を銀貨に換えて京都で仕入れる高利の商売のお金の流れ
と、幕府のお金の流れはちょうど真逆でした。そこで高利は幕
府に「公金為替」の仕組みを提案したのでした。

　具体的には、幕府の大阪御用金蔵から公金を預かり、60日後
に江戸の御金奉行に金貨で収めるというものでした。幕府には
全くリスクが伴わないのですぐに採用になりました。越後屋は
「大阪御金蔵銀御為替御用」となり、大阪高麗橋に両替店と呉
服店を開きました。公金為替自体の利幅はわずかでも、無利子
で大金を預かりその大金を運用できるメリットは大きいものが
ありました。

　江戸での納付は京都からお金を運ばなくても江戸の売り上げ
で賄え、京都の仕入れは大阪で幕府から受け取った公金で行え
るので、莫大なコスト削減につながりました。これにより莫大
な儲けを得ることにつながりました。これが三井の利益を潤沢
にした第2のイノベーションです。

　高利は死してもイノベーションを起こします。死期を悟った

高利は三井家の繁栄が長く続くように遺書を残します。高利は財産を分割して相続させることはせず、事業と資本を兄弟の共有財産として三井一族で経営することとします。それぞれの家が毎年の事業の利益から定率の配当を受け取る仕組みをつくりました。兄弟が一致団結して「三井家」という事業を永続させようとしたのでした。

高利は「単木は折れやすく、材木は折れ難し。汝ら相協力して家運の強固を図れ」（「宗竺居士家訓」より）と遺言を残しました。つまり一族の長を選出して長を中心として一族和合し、利益は平等に配分すること、一族の子どもも奉公人として扱うことなどを遺言しました。

高利亡きあと事業を引き継いだ長男は遺言を守り、京都に三井家の全ての事業を統括する「大元方」を設置しました。大元方とは今でいう持ち株会社のようなもので、三井の各家が大元方に出資する形をとりました。

「倹約以て家富まし、驕奢以て身を滅ぼす」の精神で家を維持拡大させていったのでした。このイノベーションはまさにホールディング制の先駆けともいえるものでした。三井家の事業を350年以上継続させた三井高利の3つのイノベーションにはシュンペーターもドラッカーも真っ青でしょう。

理論 7
新ソーシャル・マーケティングの潮流

　21 世紀のマーケティングの新潮流として、今までも取り上げられていた「企業の社会的責任」（Corporate Social Responsibility）が中核的経営課題としてクローズアップされるようになりました。従来は企業イメージを上げるマーケティング戦略の一要素として捉えられていたきらいがありますが、昨今は生活者の意識も大きく変わり、地域や国を超えた社会課題、環境問題、持続性社会の実現など、これらの社会課題に向けて本格的に取り組む企業かそうでない企業かが生活者の購買行動に大きく影響を与えるようになりました。米国イーデルマンのグローバル調査によると、85% の消費者が社会的責任を果たすブランドをそうでないブランドより好んでおり、70% が社会的責任を果たすブランドに割り増し価格を払う用意があり、55% がそうしたブランドを家族や友人に勧めたいと思っています。

　また国連で採択された SDGs に対して各国、特に先進国では国の達成目標に向けて各企業も自社のできる範囲での SDGs 目標を掲げる企業が増えています。従来は企業の社会的責任とその行動は企業イメージアップのための広報マターとして扱われていましたが、今では企業のトップマネジメントマターとして取り組まれてきています。企業の社会的責任とその取り組みは、

企業理念やミッションにまで織り込まれるべき課題になってきています。ここでは新ソーシャル・マーケティングという言葉を使い、本書では社会課題に取り組み社会課題解決に向けた広義な言葉としての潮流を概観してみましょう。

ソーシャル・マーケティング

1960年代後半から米国ではラルフネイダーなどの消費者運動や消費者団体の圧力の高まり、ジョン・F・ケネディ大統領は消費者の4つの権利を提唱しました。それらは「安全の権利」「選ぶ権利」「情報が与えられる権利」「意見が反映される権利」です。また70年代の企業の不祥事やコンシューマーリズムの高まりを背景に「ソーシャル・マーケティング」という概念が登場しました。それには2つの流れがあります。

1つはミシガン州立大学のウィリアム・レイザー（William Lazer）教授が提唱したソーシャル・マーケティング。これはマーケティングにより大きく社会的責任を課し、社会的利益や社会価値追求の考え方を導入しようというものです。従来のマーケティングが企業主体のマネジリアル・マーケティングであったのに対して、対極のマーケティングの根底から社会価値を問い直す考え方でした。

レイザー教授は「ソーシャル・マーケティングは、マーケティングのインパクトを生活の質、地域社会の出来事、社会的な問題、人間の資源をフルに発展させる機会、健康維持、教育と訓練、公害の減少と環境保護などに強く向けるものである」と

述べています。

　もう1つの流れが、マーケティング界の重鎮フィリップ・コトラー教授のソーシャル・マーケティングです。従来のマーケティングの考えを企業から新たに政府や病院、博物館などの非営利団体に適用して社会的課題を解決しようという考え方です。
　レイザーのソーシャル・マーケティングが「社会志向のマーケティング」といわれるのに対し、コトラーのそれは「非営利組織のマーケティング」とよばれることもあります。

21世紀の新ソーシャル・マーケティングの潮流

　21世紀に入りエンロンやワールドコムなどの世界的な大企業の不祥事が相次ぎ、世界的に「企業の社会的責任（CSR）」が強く求められるようになりました。それとともに環境問題、貧困解消、健康問題、教育問題、気候変動、食糧問題、フェアトレード、持続性社会など社会問題に企業も真っ向から取り組むことが求められるようになりつつあります。
　またSNSなどのソーシャルメディアの急速な進展と拡大により、企業のふとした間違った行動でもあっという間に拡散し大事に至るリスクがありますし、逆に社会的課題に本気で取り組む活動を継続していると応援してくれるロイヤル顧客が広がる可能性が大きい時代になってきました。
　フィリップ・コトラー教授は著書『コトラーのマーケティング3.0』（朝日新聞出版）の中で、これからのマーケティングの

目的を「世界をよりよくすること」としています。従来型の
マーケティングを追求する企業姿勢に警鐘を鳴らし、社会的責
任を重要視しない企業は淘汰されるであろうと示唆しています。

デュポンは2世紀以上の歴史を持つ巨大化学企業です。デュ
ポンは人間の生活を恒久的に変えるナイロンやテフロンなどの
高分子素材や高分子化学を発明しましたが、生活者にとっては
最悪の汚染企業と思われていました。南極のオゾン層を破壊す
るフロンガスの発明もしました。しかし劇的な変身を遂げ、今
ではクリーン企業と思われています。

ではデュポンは一体何をしたのでしょうか。米国の気候変動
のアクションパートナーシップでデュポンが中心的メンバーと
なりました。そしてデュポン自身が先頭を切り、1990年から
2003年の間に温室効果ガスの二酸化炭素の排出量を実に73%
削減し、さらに15%の削減を目指しました。

汚染削減に成功したばかりでなく、持続可能性を業務遂行上
の義務と捉え経営の中核に組み込もうとしています。環境に配
慮した原料から作られた商品や省エネを実現する商品などの持
続可能な商品の売り上げが50億ドルを超えています。デュポ
ンは現代における最大の世界的課題の1つ、環境の持続可能性
に本気で取り組んでいるのです。

もう1つ事例を挙げましょう。

地球環境にいい企業はと聞かれたら、どこを思い浮かべます
か。パタゴニア、ティンバーランド……。世界断トツ1位の小

売業ウォルマートはかつて社会問題や環境問題に無関心な企業と思われていました。しかしこの世界最大の企業が、今では地球を守るために立ち上がった最強の企業でもあります。

ウォルマートの環境問題の取り組み最終目標は、再生可能なエネルギーを100％使用し、廃棄物をゼロに、そして環境面で持続可能な商品のみを販売するという目標です。

ウォルマートは本気です。2005年、テキサス州とコロラド州に環境に優しくエネルギー効率の高い技術をテストする場としてそれぞれ実験店舗をオープンさせました。実験店舗の外には高さ44メートルの風力発電機が立っています。効率の良い電灯システムは52家族1年分をまかなえるほどの節電になります。店内の暖房システムで使っているのはデリの揚げ物に使った食用油です。

生鮮三品の残渣や他のごみなどの有機廃棄物は専用の処理機に入れられ、家庭用有機肥料に変える工場に運ばれます。実験店舗ではこのように環境に優しい技術をいろいろ試し、効果があれば他の店舗にその技術を導入しています。

また「パーソナル・サステナビリティ・プログラム」という社員の環境持続の教育にも力を入れだしました。

ウォルマートが本気になればその影響力は偉大です。毎週来店する顧客2億人、従業員220万人、店舗約8,000店、供給業者10万社、ウォルマートのバリューチェーンを含めればその環境に及ぶインパクトは相当なものです。このような活動が将来、ウォルマートの収益にも寄与するようになるのです。

では新ソーシャル・マーケティングに関連する考え方をざっと見てみましょう。

CSR と CSV

　CSR とは Corporate　Social　Responsibility の頭文字をとった略語で、日本語では「企業の社会的責任」と訳されます。「関係性マーケティング」の章でも述べたように現代の企業は、従業員と顧客だけでなく、得意先、関連先、株主、投資家、地域住人などの多くのステークホルダーとの関係性を深めて永続しようとしています。企業は利益至上主義に傾倒せず、そのステークホルダーや社会全体、ひいては地球環境にも責任を負います。社会や地球を良くする行動も経営レベルで求められる時代になりつつあります。

　CSR 活動としては、環境の持続性促進、人権の保護、持続性社会への貢献、健康増進への寄与、労働環境の改善、地域社会への貢献など多岐にわたっています。従来の経営状況や財務状況を投資家に説明するインベスター・リレーションズ（IR）でも、企業がどの社会課題に取り組んでいるのかの説明責任が年々高まってきています。今後は従来の企業イメージの向上という視点での CSR 活動ではなく、トップマネジメントが関与する企業の将来への生き残りがかかっているものとなりつつあります。

　この CSR を経営戦略論の大家、マイケル・ポーター教授は重要な経営戦略として捉え、CSV という概念を提唱しました。

2011年にポーター教授は、今までの企業のCSR活動について法例を遵守し、人権に配慮し、社会に批判されない倫理的行動をしている義務的CSRと名づけて批判しました。企業には社会課題を解決する能力があり、戦略的CSRを主張しました。

CSVはCreating Shared Valueの略で「共通価値の創造」と訳され、企業が社会課題に取り組むことで社会的価値を創造し、その結果、同時に経済的価値も創造されるという考え方です。平たく言えば、社会課題を解決しながら、自らの競争力を高め、経済的価値も生み出すことができるのです。

SDGsとESG投資

SDGsはSustainable Development Goalsの略語であり、「持続可能な開発目標」のことです。2015年に国連が発表した国際社会が2030年までに達成したい持続可能な開発目標のことです。具体的には17項目に整理された主目標（環境保全、貧困の撲滅、持続可能な生産と消費など）と、細分化された169の目標です。

これらの目標達成に国連と各国政府だけでなく、民間企業も取り組むことが期待されています。企業もどの目標にどのようなスケジュールで取り組むかなどについてホームページを通じて公表していて、その表明企業も増え続けています。

一方ESGとは、環境（Environment）、社会（Social）、ガバナンス（Governance）の略であり、ESG投資とは環境、社会、

ガバナンスに本気で取り組んでいる企業に、金融機関が優先的に投資することであります。これを約束する企業は「責任投資原則（PRI）」に署名するのですが、年々署名する企業が増えています。逆に言うと ESG に配慮していない企業は今後投資を受けづらくなります。

いずれにせよ企業だけでなく、生活者も国も金融も地方も社会課題の解決に取り組むことが期待されているのです。

フェアトレード

現在のグローバルな国際貿易の進展と仕組みは、時として経済的にも社会的にも立場の弱い開発途上国の人々の貧困を拡大させることがあります。

1946 年に米国の市民団体がプエルトリコの女性たちの刺繍商品を買って経済的支援につなげた活動が起源といわれています。このように発展途上国の自立を促す公正な取引の仕組みをフェアトレード（公平な貿易）とよびます。

例えばナイキ。アスリートを活用して絶大な人気のブランドですが、1990 年代発展途上国での過剰労働に端を発し、学生の間で不買運動が広がりました。これを機にナイキは今ではフェアトレードの遵守はもちろんのこと、2050 年までにナイキの工場全てにおいて再生エネルギー 100%、2030 年までにフットウェア生産工程から生まれた廃棄物の 99% を再活用するなど、意欲的な目標を掲げ地球環境とスポーツの未来を守るため、持

続可能な活動に注力しています。

　大手量販店に専門店として入っている輸入食品店カルディコーヒーファームはフェアトレードのコーヒー豆に力を入れています。よく店頭でコーヒーの試飲をしているので知っている方もいるかと思います。国際フェアトレード認証コーヒー「ウーマンズハンド　フェアトレードブレンド」の取り扱いに力を入れているのです。98% が女性の職場のカルディにとってはぴったりの「地球にいいことしてる？」を合言葉にフェアトレード商品に力を入れているのです。

　もう1つ日本の事例を紹介しましょう。2011 年3月11日の東日本大震災は日本人の行動や意識に大きな変容をもたらしたといわれています。電通総研の「震災をきっかけとした人間関係の変化調査」では女性の80%、男性の68%が人間関係を見直しています。デルフィスと地球環境財団による「第2回エシカル実態調査」では、社会貢献につながるブランドや商品に共感できる人が前回調査の1.6倍の76.8%、社会のために役立ちたい人が1.9倍の75.4%になっています。今までボランティア活動は日本にはなじみにくいといわれていたのですが、日本にも特に若い人にも定着しました。

　キリンのCSV事例を『1からのマーケティング』（石井淳蔵、廣田章光、清水信年編著／碩学舎）を参考にしてみましょう。
　東日本大震災でキリンの仙台工場も被災しました。被災地支

援の必要性がリアルに全社員に伝わりました。キリンは「一過性ではない、継続的な取り組み」として向こう3年間で復興を支援するために60億円を拠出すると大英断を下しました。

　キリンはうまいビールを目指し国産のホップを7割近く仕入れています。遠野市もホップの一大産地ですが、農家の高齢化が進み、ピーク時の4分の1以下に減少していました。継続して行うために復興支援と事業とを両立できる方法を模索しました。こうして2013年からキリンは経営の中核に「事業を通じた社会課題の解決」を据え、「CSV経営」を推進することになります。まず小さなことからスタートします。

　2012年に気仙沼茶豆の収穫のために農機を寄贈しましたが、収穫された気仙沼茶豆を系列のビアレストラン「キリンシティ」38店舗で提供しました。また福島産和梨を使った「キリン氷結　和梨」を売り上げ1本につき1円を東北の農業の復興支援に使う「コーズ・マーケティング」キャンペーンを期間限定で実施しました。次に風評被害に苦しむ福島産の桃を使って2015年に「キリン氷結桃」として通年商品にしました。遠野産ホップの収穫祭を同年8月に催し、しかもホップ畑で収穫し、ホップに囲まれながら畑で乾杯し、複数のビールを飲める一泊二日の「遠野ビアツーリズム」も主催しました。

　単に遠野をホップの産地として捉えるのではなく、収穫したホップで作ったクラフトビールを飲める場所にし、町全体をブランド化できないかという大きな夢のような構想が徐々に膨ら

んでいきました。これを機に10人以上の若者が遠野で就農しました。2018年には遠野市とキリンが出資する新会社「TON-O　BEER　EXPERIENCE」が設立されました。

　CVS経営スタート以降、キリンの社風も少しずつ変わっていきました。挑戦の気風も生まれ、新しい取り組みがいくつも生まれました。国産ホップの味や香りが研究され、国産ホップならではの香りや味が楽しめるクラフトビールの商品開発も行われました。クラフトビールが飲める直営飲食店「スプリングバレーブルワリー」もつくられました。

　変化は主力商品「一番搾り」にも及びました。ビールは日本全国どこで飲んでも同じ味という業界常識を打ち破り、その地域だけの風土や食文化にその地元ならではの魅力を詰め込んだ47種類ものラガービール「47都道府県の一番搾り」は売り上げ1本につき1円の寄付のコーズ・キャンペーンとともにヒット商品となりました。

　キリンCSVコミットメント（約束）の一つに「2026年までに国産ホップ調達量を100トンにする生産体制の確立」という目標も掲げています。被災した仙台工場をリアルに感じた社員が1つになり、それが経営を動かしCSV経営を中核に据え、社風が挑戦的になり、キリンの活気につながっているのです。

　昨今は環境保全や労働環境改善に世界的な注目が集まっています。これらの社会課題解決を企業として全力で取り組めば未来が拓け、一歩対応を誤ると危機に瀕する時代がやってきました。

例えば中国ウイグル自治区のウイグル人への強制労働問題で、同地区産の綿花を加工したメーカーが批判にさらされています。無印良品やユニクロにとっても国際的な死活問題に直面しているのです。ユニクロはウイグルの綿花を使っているとしてフランスの消費者団体からフランスの裁判所に訴えられました。またEUでは自然森林の破壊が、CO_2が増えている原因だとして、今後EUと取引しているメーカーはその原料の調達先までさかのぼって自然林を伐採していないかトレーサビリティをする必要が生じています。EUは特に環境保護については生活者も国もどこの地域よりも厳しくなってきています。

　これからの企業にとって一番大切なことは、新ソーシャル・マーケティングの潮流に留意しながら企業経営の舵取りをソーシャルにシフトしていくことかもしれません。

　ここでコトラーの著書『コトラーのマーケティング3.0─ソーシャル・メディア時代の新法則─』（朝日新聞出版）から引用しましょう。
「企業は製品から消費者に、さらに人類全体の問題へと関心を広げてきている。マーケティング3.0とは、企業が消費者中心の考え方から人間中心の考え方に移行し、収益性と企業の社会的責任がうまく両立する段階である」

江戸の老舗「商い」にみる社会的責任

　前節で新ソーシャル・マーケティングの潮流について概観してきました。社会的責任といえば少しは違うのですが、「CSR」とか「SDGs」とかいわれても頭では分かるのですが、どうもストーンと腹落ちしないのは私だけでしょうか。「持続可能な開発目標」といわれてもどうもしっくりきません。

　あるとき、中高一貫校の特別授業でSDGsについて事例も踏まえ分かりやすく教えてくださいと頼まれたことがあります。私自身が腹落ちしていないので悩みました。結局、テーマを変えて「SDGsは究極の持続性社会、江戸から学べ」として講義しました。生徒さんたちの目の輝きを見て、勝手に分かりやすいのかもと独り合点をしたことがあります。

　企業の社会的責任（CSR）の事例と考え方を前章同様、日本の永続してきた老舗や江戸時代から引っ張ってきましょう。

永続している会社の共通点

　話は私の大学院生時代にさかのぼります。私の指導教授村田先生の紹介状を懐に、私は野田のキッコーマンの黒光りする木造建築の2階の会議室に通されました。昔の風格と威厳のある校長室に入ったような凛とした雰囲気の中、正面に歴代の髭を

たくわえた社長たちのいかにも威厳が漂ってくるお写真の上に達筆で書かれた額が鎮座していました。そこには「産業魂」と書かれていた情景を今でもはっきりと思い出せます。今にして思えば、あの3文字に会社は「社会の公器」、自社だけでなく産業全体の繁栄を願う気概が込められていたような気がします。

　永続している会社には必ず、社訓や社是、今風にいえば「企業理念」「ミッション」「経営方針」があります。江戸の長く続いた「商家」であれば、「家訓」「口伝」「家則」「遺訓」のどれかが存在します。100年、200年、300年と事業が存続している老舗には創業者や第二創業者が明文化されているか、口伝による経営上の教訓や秘訣が必ずといっていいほど残されています。

　企業経営が100年も続けば、何度か経営危機に見舞われています。それらを乗り越えるためには企業トップが腹を据えて危機の本質について見極め、未来を切り拓く心のよりどころとしていたのが家訓でしょう。

　逆の言い方をすれば、日々の商売のバイブルとして家訓を守り経営していたから、大難が小難に小難が無難になって永続できたのでしょう。

　前章のイノベーションのケースとして取り上げた三井越後屋ですが、その創業者三井高利による家訓により、遺産は長子相続ではなく兄弟の共同財産として一族協力して経営にあたり、現代まで続いています。

　そのほかに三井の家訓として「商売は見切り時の大切なるを覚悟すべし」というのがあります。現代にも通用する大切な指針です。

家訓には事業を行う上で欠かすことのできない「経営理念」が含まれているのです。創業者はなぜこの事業を興したのか、その目的や存在意義を明らかにし、子孫たちに長く事業を継続してもらいたいために想いを残したのです。

企業の社会的責任と事業永続の老舗の家訓

　本題の企業の社会的責任CSRと商家の家訓に戻りましょう。江戸の商家の家訓を見てみると必ず出てくるのが倹約と勤勉です。江戸三大商人の1つ近江商人の特色は「しまつして、きばる」といわれています。しまつしてとは倹約して無駄なことをやめることです。きばるとは近江商人の最も優れた気質の勤勉のことです。

　有名な近江商人の「三方よし」は、「買い手よし、売り手よし、世間よし」です。この世間よしは、現代の社会貢献につながる企業の社会的責任としての考え方です。

　この「三方よし」という言葉自体は戦後近江商人の研究者が作ったフレーズといわれていますが、この考えに一番近い家訓は、五箇荘商人で二代目中村治兵衛の家訓でしょう。

　初代中村治兵衛は、百姓の年貢の負担を軽くするため、麻を植え麻糸を百姓に分け与え農閑期の冬に麻の布を織らせました。二代目中村治兵衛は、先代の百姓の税負担を軽くする策をさらに推し進め、麻布を天秤棒で担いで諸国を行商して回りました。倹約と勤勉に励み、京都に店を出して財を築きました。

彼が70歳のときに子どもに残した家訓を一部そのまま抜粋しましょう。

「たとへ他国へ商内に参り候ても、この商内物この国の人一切の人々皆々心よく着申され候様にと、自分のことに思はず、皆人よき様にとおもひ、高利望み申さず、とかく天道のめぐみ次第と、ただそのいくさきの人の大切におもうべく候」（『商家の家訓』山本眞功監修／青春新書）

　分かりやすく意訳・要約すると「商いに他国に出掛ける時は、その国の人々がみな気分よく、商品を買って使えるように心がけること。自分のことばかり思うのではなく、損得は天道の恵み次第だと考えて、高い利益は望まず、その国の人々を大切にすること」（同上）。

　つまり自分のことを考えるのではなく、相手のことを考え、暴利をむさぼらず、損得はお天道さまの恵み次第と心得よという考え方です。先代が百姓の年貢の負担の軽減策として麻の栽培を始めたのですが、それを発展させて商売に励んだのでした。「買い手よし、売り手よし、世間よし」なのです。
　他の家訓、大丸の創業者下村彦右衛門を見てみましょう。大丸の創業は1717年にさかのぼります。家業の古着商を継いだ下村彦右衛門は、地道な行商で資金を着実に貯め、京都伏見に「大文字屋」という屋号の呉服店を開きました。商標は「○」に「大」。○は天下を示し、大は人と一を合わせた字で、天下

一の商人になるという決意です。これが今でも親しまれる「◯」の中に「大」が入ったロゴ「㊊」です。

　時代が下って天保4年（1833年）には冷夏となりここから大飢饉が全国で起こります。コメの値段が跳ね上がり庶民は食うにも困りました。このとき立ち上がったのが大阪奉行所の与力の大塩平八郎です。不満を持つ暴徒が加わり豪商たちの大店が打ちこわしにあいました。このとき大塩が放った言葉が「大丸は義商なり。犯すなかれ」と伝えられています。下村彦右衛門は一代で財を成しただけでなく、町の人々にさまざまな施しをしていたのです。

　今では有名な家訓が次です。

「先義而後利者栄」（大丸のホームページ「大丸の歴史」より）。

「先義後利」を事業の根本理念としました。この意味するところは「義を先にして利を後にする者は栄える」という意味です。今風に言うと「お客様第一主義」と「社会への貢献」となるでしょう。同族会社ではなくなった大丸ですが、今でも経営理念の中に「先義後利」の考えは受け継がれています。

　また、もう1つ家訓を挙げます。老舗に共通した教えに「陰徳」があります。現代の若者にはなじみのない言葉ですが、陰徳とは人に知れないように陰で世のため人のために良いことを行う行為のことです。

　京都の聖護院の老舗本家八ツ橋の家訓を最後に引用します。

「子孫に遺すべき宝は金銀でもなければ、書物でもなく、陰徳を積んで子孫に遺すことが一番である」

現代の名経営者にも読み継がれる石田梅岩の商人道

　石田梅岩は江戸の中期の元禄享保の心学者でその影響は全国の商人にも影響を与えました。江戸幕府を支えていた武士が守るべき心の規範「武士道」があります。商人は銭金を扱うので下に見られていたきらいもありますが、商人の存在意義とその守るべき「商人道」を説いたのが石田梅岩です。彼の死後も門下生たちがその教えを広め、最盛期には石門心学を教える弟子たちの舎が全国169舎に上りました。

　稲盛和夫をはじめ現代の名経営者も石田梅岩に学ぶ人が多いのです。江戸時代のドラッカーとよぶ人もいるぐらいです。

　石田梅岩は1685年から1744年に生涯を閉じた江戸の老舗商家を支えた思想家です。京都亀岡市郊外の農家の次男として生まれました。10歳で京都に丁稚に出ますが、お店が倒産したため郷里に戻ります。勉強好きで農作業の合間に近くの寺社にあった書物に親しんだといわれています。22歳のときに再び京都の呉服商に奉公に出ます。

　ほかの丁稚より抜きんでて仕事ができ、人一倍勉強熱心な梅岩には仕事以外の時間を勉強に充てる自由を店主が認めていました。

　朝は誰よりも早く起きて夜は奉公人が寝静まってから神道・仏教・儒教の研究に励みました。番頭にまでなり、34歳ごろか

ら休みの日には京都の私塾を巡り学び、神・仏・儒の教えを柔軟に和合して取り込み、独自の思想を形成していきました。42歳で奉公先を卒業し、神・仏・儒3教の習合による独自の人生哲学を確立しました。45歳で自宅に講席を設け、独自の石門心学とよばれる考えの布教に生涯を捧げました。

受講に際して一切紹介不要で、性別も問わず、しかも受講料も取りませんでした。先生とのやりとりを後に門下生が取りまとめた「都鄙問答」が有名です。

「商人の利潤は、万人に奉仕をし、正しい行いの商いをしてこそ継続的に得られるものであり、武士の俸禄と同様に正当なもの」と説きました。商人蔑視の風潮をはっきりと否定し、商人が仕事に誇りを持てるようにしたのです。

「商人というとも聖人の道を知らずば、同じく金銀を儲けながら不義の金銀を儲け、子孫の絶ゆる理に至るべし。実に子孫を愛せば、道を学んで栄うることを致すべし」(「都鄙問答」)

CASE 7

最貧国バングラデシュで起業した
女子大生

　ついに最後のケースです。何にしようか迷いました。以前む
さぼるように読んで感動した『裸でも生きる〜25歳女性起業
家の号泣戦記〜』（山口絵里子著／講談社BIZ）を解説します。
この本の執筆のためにもう一度読み返しました。夢へ向けた起
業への情熱と人の何倍もの努力に涙が出ます。実際の本を購入
してぜひ読んでいただきたいです。

大学での「開発学」との出合い

　授業で途上国が豊かになる「開発学」と出合い、人生が変わ
った女子大生がいます。県立の工業高校から奇跡的に受かった
慶應義塾大学3年生の山口絵里子さん。彼女は、経済政策の竹
中平蔵ゼミで「発展途上国における経済格差と経済成長の関
係」について発表しました。先生に直接かけられた「すごくよ
かったですよ。がんばってね」の一言が、今まで工業高校のコ
ンプレックスだらけの学生時代の宝物となりました。

　英語にも真剣に取り組み、米州開発銀行の夏季雇用に合格し
米国に渡りました。各国のエリートたちが開発国に援助の予算
を配る仕事です。しかし、エリートたちに開発国の現状を聞い
ても誰も「知らない」と言うばかり。それならば自分の目で直

接確かめようと、アジア最貧国「バングラデシュ」の片道切符を手にします。

　彼女は思い立ったら行動が早い、そして忍耐強いのです。理論では「開発国を豊かにする」とか「企業の社会的責任」「社会課題の解消」という言葉が躍りますが、自分の目で見て現実を知りたかったのです。

アジア最貧国での衝撃

　しかし現実は甘くありませんでした。タラップを降りると異様な臭いが漂います。タクシーに乗れば法外な請求。賄賂を渡さなければ動かない警官。異臭の発生源であるスラムを見たときの衝撃。人間が生きるギリギリの衛生水準を下回る環境。米国では知りえなかった現実がここには転がっていました。

　もう帰らないと大学の秋学期が始まってしまいます。彼女が下した結論は、「もっとこの国を知るためにここに残って大学院に進もう」でした。そして、日本人初のバングラデシュの大学院受験に合格したのです。

社会起業家への挑戦

　大学卒業後、再びバングラデシュへ。22年間の人生で、胃に穴が開きそうな決断でした。旅行でちょっと滞在するのと住むのでは全く話が違います。下宿でも安全な場所に住もうと思うと高いのです。そもそも、外国人の女性には部屋を貸してくれ

ません。もし運よく入居できても、最低限のライフラインの水すら出ません。

「貧しさをなくすにはどうすればいいか」を考えていたある日、「ジュート」と運命的な出合いをしました。運動会の綱引きやコーヒー袋に使われる繊維ジュートの生産は世界の9割をバングラデシュが占めていたのです。そして、ジュートを使ったバッグで起業をしたいと思うようになり、毎日工場に通ううち、「途上国発のブランドを創ること」が夢になりました。

悪戦苦闘の日々

スケッチブックに描いたバッグデザインを見せて試作品を作るのも苦労の連続です。せっかく試作品ができても、工場長が海外のバイヤーにデザインを勝手に見せて横取りされてしまったこともありました。ありとあらゆる壁を乗り越えて160個のバッグが出来上がりました。

お金がないのでホームページを自分で何日もかけて作り、帰国して販売を開始します。しかし、日本で営業をして感じたことは、消費者にとって「国際貢献」や「貧困撲滅」などのコンセプトは全く関係ないということ。ここから学んだことは、「商品力が命」であることです。

そんな中、株式会社マザーハウスが誕生します。東急ハンズで採用され、マスコミで取り上げられたこともあり、何とか売れたのです。次回は真のブランドを創って「商品力」で勝負しようと心に決めた瞬間です。

現地でのスタッフ採用と顧客価値の創造

　御徒町の職人養成学校に入学し、バッグづくりの修行をすることで、モノづくりに必要な原点を覚えました。

　心機一転バングラデシュに戻ったのですが、工場で山口さんのパスポートが盗まれてしまいます。不信感が募り、またゼロからの工場探し。小さな工場に出合ったのですが、結局夜逃げをされる始末。しかし、前向きに挑戦する彼女をお天道さまは見ていました。

　気難しいが腕は一流の本物の職人と、まともな工場に出合ったことで決断をします。「マザーハウスの現地スタッフを採用し、工場との連絡、商品開発、資材調達を任せましょう」と。マザーハウス設立1周年に間に合わせて顧客が望むバッグに全面的にリニューアルすることを決めました。

　今までのお客さまの声と、バッグづくりの学校で得られた蓄積と、販売経験を生かそうと決めたのでした。要はお客さまが気に入って大事に使ってくれるバッグを作るマザーハウスにしようと決心したのでした。そうすると、ご褒美のようにいい人と出会いました。専門知識もマネジメントもできる現地スタッフが見つかり、大学時代の尊敬する先輩でありゴールドマンサックスに勤めている山崎氏が2007年2月に会社を辞めて手伝ってくれることになりました。

尊敬する先輩との経営　その後の展開

　3月10日の新商品発表会は大成功に終わりました。経営の意思決定は山口さんと山崎氏、実務は全員で回すことにしました。専門性が必要とされる分野は無償のボランティアで事業に参加してもらうアドバイザー制度も作り、体制を整えました。4月日経新聞に記事が載りました。待望の直営店を入谷に8月オープンしました。まさに女子大生が課題を解決したい一心で起業し、さまざまな壁を乗り越えた事例といえます。

　その後マザーハウスがどうなったかを記します。目まぐるしい勢いで「途上国発のブランド」進化が起きています。バングラデシュでは2006年に安全で働く人の福利厚生を考え自社工場とし、ジュートと革製品を製造。2009年、ネパールでシルクやカシミヤなどの天然素材を活かしたストールの生産を開始。2015年、インドネシアで伝統的な技術を活かした繊細なジュエリーを生産。2016年、スリランカでカラーストーンの宝飾生産。2018年、インドで手紡ぎ、手織りの生地を活かした洋服を生産。2019年、ミャンマーで天然ルビーのジュエリーの生産。「開発国発のブランド」が現地の人と日本との共創で進化しています。山口さんの想い、そして世界はマーケティングでできているといえるのかもしれません。

第 6 章 の ま と め

☑ 他の領域での既知の方法を自分の領域に持ってきて新たな価値を生み出せば「新結合」も立派なイノベーションである

☑ 大事なことは画期的な技術革新ではなく、今まで世の中になかった価値あるものを生み出すことである

☑ イノベーションに立ちはだかる3つの壁として、①未体験の領域、②既成概念、③社会の抵抗がある

☑ オープン・イノベーション、バリュー・イノベーション、リバース・イノベーションなどの新潮流がある

☑ クリステンセン教授は、巨大企業からイノベーションが生まれない「イノベーションのジレンマ」を説いた

☑ 最先端イノベーション理論として「両利き」の経営がある。知の探索と知の深化を両手のようにバランスよくとる経営を指す

☑ 組織が硬直化するとリスクの少ない知の深化に偏り、イノベーションが生まれない。新規開発は本社から外したほうがうまくいく

☑ 21世紀は、企業が社会課題、環境問題、持続性社会などに本気で取り組むかの姿勢が問われる時代となった

☑ マーケティングも新潮流として新ソーシャル・マーケティングが不可欠である

おわりに

マーケティングと出合ってからはや 47 年。会社でマーケティングを実践して 43 年。寺子屋塾でマーケティングとアントレプレナーシップを切磋琢磨して塾生に教えて 22 年。

複雑膨大に膨れ上がるマーケティング体系。浅学菲才な私に「マーケティングの本質」を書きませんかとのご縁。まず恩師、上司、部下、塾生。そして書くご縁を紡いでくださった総合法令出版の編集者の市川純矢氏に心からの御礼を申し上げます。

この本が出来上がるには先人たちの数多くの業績を紐解かせていただき、また本の出版にあたっていろいろ教えていただいた松尾昭仁先生、メンターとして接してくださった上杉恵理子氏、その他大勢の人の支えでこの本が産声をあげたことに感謝しています。

マーケティングの基本的理論やフレームワークを 7 つに絞り、その事例を中心に読みやすく分かりやすくすることに腐心しました。しかし分かりにくいところがあれば、それは私の浅学ゆえのことで深く反省する次第です。

また、少しでもマーケティング思考が面白いと思ってくださったならば、それは私にとっての望外の喜びです。

この書が出来上がるのを温かく見守ってくれた家族、とりわけ人生パートナーの愛妻に感謝いたします。

　この本を1歳、2歳、4歳の3人の孫が10年後手に取って読んでくれる日を夢見て、今、手に取ってくださった皆さまに深謝して筆を置くこととします。

2024年1月吉日　三宅宏

参考文献

◉『マーケティング』（村田昭治著 / プレジデント社）

◉『村田昭治のマーケティング・ハート』（村田昭治著 / プレジデント社）

◉『マーケティング・フィロソフィー』（村田昭治著 / 国元書房）

◉『マーケティング・マネジメント第4版』（フィリップ・コトラー著 / 村田昭治監修 / プレジデント社）

◉『マーケティング発想法』（セオドア・レビット著 / ダイヤモンド社）

◉『コトラー、アームストロング、恩蔵のマーケティング原理』（フィリップ・コトラー、ゲイリーアームストロング、恩蔵直人著 / 丸善出版）

◉『コトラーの戦略的マーケティング』（フィリップ・コトラー著 / ダイヤモンド社）

◉『コトラーのマーケティング3.0』『コトラーのマーケティング4.0』（フィリップ・コトラー著 / 朝日新聞出版）

◉『コトラー　マーケティングの未来と日本』（フィリップ・コトラー著 / KADOKAWA）

◉『マネジメント（上巻)』（P.F. ドラッカー著 / ダイヤモンド社）

◉『経営者に贈る5つの質問』（P.F. ドラッカー著 / ダイヤモンド社）

◉『イノベーションと企業家精神』（P.F. ドラッカー著 / ダイヤモンド社）

◉『ブランドエクイティ戦略—競争優位をつくりだす名前、シンボル、スローガン』（D.A アーカー / ダイヤモンド社）

◉『ブランド論』（D.A. アーカー著 / ダイヤモンド社）

- 『戦略的ブランド・マネジメント』(ケビン・レーン・ケラー著 / 東急エージェンシー)

- 『パワー・ブランドの本質』(片平秀貴著 / ダイヤモンド社)

- 『1からのマーケティング』(石井淳蔵、廣田章光、清水信年著 / 中央経済社)

- 『マーケティング思考の技術』(野口吉昭監修 / / PHP研究所)

- 『マーケティング』(阿久津聡監修 / 新星出版社)

- 『戦略インサイト』(桶谷功著 / ダイヤモンド社)

- 『マーケティングに強くなる』(恩蔵直人著 / ちくま新書)

- 『ケースに学ぶマーケティング』(青木幸弘著 / 有斐閣ブックス)

- 『戦略ケースの教科書』(松田久一編著 / かんき出版)

- 『ブランディング入門』(金子大貴、一色俊慶著 / かんき出版)

- 『究極のブランディング』(長沢伸也、石塚千賀子、得能摩利子著 / 中央公論新社)

- 『最強のイノベーション理論集中講義』(安部哲也著 / 日本実業出版社)

- 『日本でいちばん大切にしたい会社』(坂本光司著 / あさ出版)

- 『顧客価値を創造するコト・マーケティング』(東利一著 / 中央経済社)

- 『全史×成功事例で読む「マーケティング」大全』(武田雅之著、酒井光雄編著 / かんき出版)

- 『マーケティング大原則』(足立光、土合朋宏著 / 朝日新聞出版)

- 『世界の経営学者はいま何を考えているのか』(入山章栄著 / 英治出版)

- 『ビジネススクールでは学べない世界最先端の経営学』（入山章栄著 / 日経 BP 社）

- 『両利きの経営』（チャールズ・A・オライリー、マイケル・L・タッシュマン / 東洋経済）

- 『ソーシャルシフト』（斉藤徹著 / 日本経済新聞出版社）

- 『ソーシャル・プロダクト・マーケティング』（野村尚克、中島佳織、デルフィス・エシカル・プロジェクト著 / 産業能率大学出版部）

- 『SDGs がひらくビジネス新時代』（竹下隆一郎著 / ちくま新書）

- 『百年以上続いている会社はどこが違うのか？』（田中真澄著 / 到知出版社）

- 『老舗学の教科書』（前川洋一郎、末包厚喜編著 / 同友館）

- 『北前船、されど北前船』（北国諒星著 / 北海道出版企画センター）

- 『大江戸商い白書』（山室恭子著 / 講談社選書メチエ）

- 『大江戸ビジネス』（呉光生著 / リュウ・ブックスアステ新書）

- 『商売繁盛・老舗のしきたり』（泉秀樹 /PHP 新書）

- 『商家の家訓』（山本眞功監修 / 青春出版社）

- 『なぜ名経営者は石田梅岩に学ぶのか？』（森田健司著 / ディスカヴァー・トゥエンティワン）

- 『黄色いバスの奇跡』（吉田理宏著 / 総合法令出版社）

- 『徳川三百年を支えた「豪商」の才覚』（童門冬二著 / 角川マガジンズ）

- 『マーケティングのすすめ』(フィリップコトラー、高岡浩三著 / 中央公論新社)

- 『マーケティング・アンビション思考』(嶋口充輝ほか / 角川グループパブリッシング)

- 『星野リゾートの教科書』(中沢康彦著 / 日経 BP)

- 『図解ビジネスモデル・ジェネレーションワークショップ』(今津美樹著 / 翔泳社)

- 『ザ・プロフィット』(エイドリアン・J・スライウォツキー著 / ダイヤモンド社)

- 『ブルーオーシャン戦略』(W・チャン・キム、レネ・モボルニュ著 / ダイヤモンド社)

- 『デザイン思考が世界を変える』(ティムブラウン著 / 早川書房)

- 『アントレプレナーの教科書』(スティーブン・G. ブランク著 / 翔泳社)

- 『未来実現マーケティング』(神田昌典著 /PHP 研究所)

- 『イノベーションのジレンマ』(クレイトンクリステンセン著 / 翔泳社)

- 『大前研一「ビジネスモデル」の教科書』(大前研一著 /KADOKAWA)

- 『マーケティングを学ぶ』(石井淳蔵著 / 筑摩書房)

- 『俵屋の不思議』(村松友視著 / 世界文化社)

- 『巨象も踊る』(ルイスガースナー著 / 日本経済新聞出版)

- 『裸でも生きる〜25 歳女性起業家の号泣戦記〜』(山口絵里子著 / 講談社)

三宅宏 （みやけ・ひろし）

中央区日本橋生まれ。

アントレプレナー塾塾長。江戸に出てきて13代目の生粋の江戸っ子・マーケター。麻布高校卒業後、慶應義塾大学・同大学院修士課程で日本にマーケティングを導入した村田昭治教授に師事する。原理原則の重要性、複眼の発想、道草など人生マーケティングを学ぶ。日本にオリジンがありかつマーケティングマインドを持ったグローバル企業キッコーマン株式会社に入社。マーケティング企画、広告制作、プロモーション企画、酒類事業本部企画、プロダクト・マネジャーなどマーケティング畑を中心に43年間勤める。2022年に役員を退任し、現在顧問。

若手を教える寺子屋塾アントレプレナー塾を2002年に設立。マーケティングとアントレプレナーシップを核に、江戸はなぜ270年も続いたのかなど幅広くリベラルアーツを1回4時間半教えている。塾長として熱血講義を通算234回継続している。慶應義塾大学、一橋大学、法政大学など多数の大学や企業、日本マーケティング協会、日本能率協会などからの講演依頼は50回を超える。現在、大正大学非常勤講師。

視覚障害その他の理由で活字のままでこの本を利用出来ない人のために、営利を目的とする場合を除き「録音図書」「点字図書」「拡大図書」等の製作をすることを認めます。その際は著作権者、または、出版社までご連絡ください。

世界はマーケティングでできている

2024年3月19日　初版発行

著　者　三宅宏
発行者　野村直克
発行所　総合法令出版株式会社
　　　　〒103-0001 東京都中央区日本橋小伝馬町 15-18
　　　　EDGE 小伝馬町ビル 9 階
　　　　電話　03-5623-5121
印刷・製本　中央精版印刷株式会社

総合法令出版ホームページ　http://www.horei.com/